［過去問］

2024
精華小学校
入試問題集

JN124398

Shinga-kai

精華小学校

過去10年間の入試問題分析
出題傾向とその対策

2023年傾向

例年と大きな変化はなく、ペーパーテストでは推理・思考、観察力、巧緻性などが出され、今年度も指示の聞き取り、注意力、作業力、丁寧さがさまざまな課題で問われました。お話を聞いたうえで、内容に沿った絵を描く想像画も出題されました。個別テストは昨年度同様にお話を聞き、登場人物になったつもりで自分の考えを伝える課題でした。

傾　向

出願の受付順に受験番号が決められ、受験番号順の集合時刻でペーパーテスト、個別テスト、集団テスト、運動テストが行われます。所要時間は例年2～3時間です。また、考査日前の指定日時に親子面接があります。考査当日は受付後、ゼッケンをつけ、15～20人単位で在校生の誘導に従い教室へ向かいます。ペーパーテストの筆記用具は、鉛筆と消しゴムを使います。推理・思考、観察力は頻出課題ですので、普段からものをよく見て、いろいろな方向から見たときの違いや重ねたときの様子などについて考える機会を持たせましょう。過去には数量もよく出題されていますので、数に対する意識をきちんと養っておきましょう。どの項目でも問題の意味を理解して処理していく力が求められます。また巧緻性を見るためのシール貼りや付箋紙貼りなど、根気や集中力が求められる課題も出題されています。絵画は毎年出題されます。最近では音や短いお話を聞いてそれに合う絵を描く想像画が多く、ほかにはあらかじめ描いてある形にクレヨンで描き足して何かわかる絵にする創造画も出題されています。個別テストでは、2017年度までは絵を使った記憶や話の記憶、お話作りが毎年出されていました。集団テストでは、行動観察や集団ゲームが行われています。運動テストでは、持久力を伴う課題だけでなく、近年は簡単な模倣体操やバランス、リズム感覚を見る課題も行われています。面接では、子どもに対しては名前や幼稚園（保育園）名、好きな本や遊びなどについて聞き、保護者には志望理由や教育方針、子育ての方針、また、何かトラブルなどに直面したときの親としての対応に関する質問などがあります。なお、2021年度からWeb出願となりました。面接当日に記入していたアンケートは、面接資料として出願後

に記入して提出する形となりました。

対 策

受験対策としてまず、落ち着いて物事に取り組む姿勢を養いましょう。精華小学校は、中学受験を考える学校です。学習習慣を身につけるためにも、「机に向かっているときの正しい姿勢」と「正しい鉛筆の持ち方」を心掛けましょう。きちんとした姿勢や正しい鉛筆の持ち方は、かきやすさだけでなく学習の持久力にもつながります。また、実際の考査では消しゴムでの訂正に時間がかかってしまうお子さんもいますので、消しゴムの扱いに慣れておくとよいでしょう。推理・思考は頻出課題です。比較や重ね図形、対称図形、進み方などさまざまな課題が出されていますが、観察力や数量などの要素を含むものが多いので、基本的な力を幅広くつけておくことが大切です。重ね図形や対称図形は実際にどうなるかかいてみるなどして、理解を定着させていくとよいでしょう。また、マス目の進み方、サイコロの回転などでは、ほかではあまり見られない出題形式もあります。説明を素直に聞く姿勢、「どうなるのだろう」と興味を持ってねばり強く考える取り組みを、日ごろから心掛けていきましょう。線をなぞったりシールを貼ったりする巧緻性も特徴的な課題です。なぞる、点と点を丁寧に結ぶ、しっかり形をかくといったことを徹底し、手早くかく力を養っておきましょう。シールも指示されたところに正しく手際よく貼れるよう、手先の作業がスムーズにできるよう練習しましょう。いずれにしても精華小学校では、地道な作業力と根気が必要とされる課題が多いので、落ち着いて取り組む姿勢を身につけることが大切です。そして、徐々にスピードも意識していけるようにしましょう。また、精華小学校に入学すると、非常に多くの読書量を要求されます。あらかじめ下地として、お話を読み聞かせる機会を多く持ち「お話を聞くことは楽しい」から「読書をすることは楽しい」という気持ちにつなげましょう。個別テストで行われる4枚程度の絵を使った条件に合うお話作りなどを、ご家庭でも行うとよいでしょう。また、絵から登場人物の気持ちや会話、その後の展開などを想像してお話をふくらませることができると、よりその子らしい個性が表れます。そのうえで、ある程度の長さにまとめる力をつけていくことも大切です。特に男の子は、この課題に苦手意識を持たせず、1枚の絵を使って起承転結のあるお話作りができるよう楽しんで経験を積んでいきましょう。運動テストでは高度な課題は出題されていませんが、指示された通りに一つひとつ丁寧に行えるかをしっかりと見られています。また、一定のテンポでくり返すリズム感や、最後まで集中して続けられるような持久力、そして敏捷性を身につけることも必要です。集団テストや運動テストなどでは、自分が活動するときの積極性や参加意欲も大切ですが、静かに待ち、周りのお友達のことを思いやる姿勢も大切です。面接ではあれもこれもと話すのではなく、短い時間の中で簡潔にわかりやすく伝えることができるようにしましょう。

年度別入試問題分析表

【精華小学校】

	2023	2022	2021	2020	2019	2018	2017	2016	2015	2014
ペーパーテスト										
話				○				○		
数量			○					○	○	
観察力	○		○		○		○	○	○	○
言語										
推理・思考	○	○	○	○	○	○		○	○	○
構成力				○	○		○			
記憶										
常識										
位置・置換		○		○						
模写		○								
巧緻性	○		○			○	○		○	○
絵画・表現	○	○	○	○	○	○	○	○	○	○
系列完成							○			○
個別テスト										
話				○		○	○	○	○	○
数量										
観察力										
言語	○	○	○		○	○				
推理・思考										
構成力										
記憶										○
常識	○	○	○		○	○		○	○	
位置・置換										
巧緻性										
絵画・表現										
系列完成										
制作										
行動観察										
生活習慣										
集団テスト										
話										
観察力										
言語										
常識										
巧緻性										
絵画・表現										
制作										
行動観察									○	○
課題・自由遊び										
運動・ゲーム	○	○	○	○	○	○	○	○		
生活習慣										
運動テスト										
基礎運動	○		○	○				○	○	○
指示行動										
模倣体操			○		○	○	○			○
リズム運動				○						○
ボール運動	○	○		○	○	○				
跳躍運動	○	○			○	○	○	○		○
バランス運動			○		○		○	○	○	
連続運動										
面接										
親子面接	○	○	○	○	○	○	○	○	○	○
保護者(両親)面接										
本人面接										

※伸芽会教育研究所調査データ

小学校受験Check Sheet

　お子さんの受験を控えて、何かと不安を抱える保護者も多いかと思います。受験対策はしっかりやっていても、すべてをクリアしているとは思えないのが実状ではないでしょうか。そこで、このチェックシートをご用意しました。1つずつチェックをしながら、受験に向かっていってください。

✲ ペーパーテスト編

①お子さんは長い時間座っていることができますか。

②お子さんは長い話を根気よく聞くことができますか。

③お子さんはスムーズにプリントをめくったり、印をつけたりできますか。

④お子さんは机の上を散らかさずに作業ができますか。

✲ 個別テスト編

①お子さんは長時間立っていることができますか。

②お子さんはハキハキと大きい声で話せますか。

③お子さんは初対面の大人と話せますか。

④お子さんは自信を持ってテキパキと作業ができますか。

✲ 絵画、制作編

①お子さんは絵を描くのが好きですか。

②お家にお子さんの絵を飾っていますか。

③お子さんははさみやセロハンテープなどを使いこなせますか。

④お子さんはお家で空き箱や牛乳パックなどで制作をしたことがありますか。

✲ 行動観察編

①お子さんは初めて会ったお友達と話せますか。

②お子さんは集団の中でほかの子とかかわって遊べますか。

③お子さんは何もおもちゃがない状況で遊べますか。

④お子さんは順番を守れますか。

✲ 運動テスト編

①お子さんは運動をするときに意欲的ですか。

②お子さんは長い距離を歩いたことがありますか。

③お子さんはリズム感がありますか。

④お子さんはボール遊びが好きですか。

✲ 面接対策・子ども編

①お子さんは、ある程度の時間、きちんと座っていられますか。

②お子さんは返事が素直にできますか。

③お子さんはお父さま、お母さまと3人で行動することに慣れていますか。

④お子さんは単語でなく、文で話せますか。

✲ 面接対策・保護者（両親）編

①最近、ご家族での楽しい思い出がありますか。

②ご両親の教育方針は一致していますか。

③お父さまは、お子さんのお家での生活や幼稚園・保育園での生活をどれくらいご存じですか。

④最近タイムリーな話題、または昨今の子どもを取り巻く環境についてご両親で話をしていますか。

2023
2022
2021
2020
2019
2018
2017
2016
2015
2014

2023 精華小学校入試問題

■ 選抜方法

受験番号は出願の受付順に決まる。考査は1日で、ペーパーテスト、個別テスト、集団テスト、運動テストを行う。所要時間は2〜3時間。考査日前の指定日時に親子面接がある。

▌ ペーパーテスト ▌ 筆記用具は鉛筆を使用し、訂正は消しゴムを使う。出題方法は口頭。

1 推理・思考

・上の積み木を、下の積み木の穴の中に通します。上の積み木の向きをどのように変えても通せないものはどれですか。それぞれ下の大きい四角から選んで、○をつけましょう。

2 推理・思考

・いつもとは違うお約束でジャンケンをします。2人でジャンケンをするときは、勝ちと負けが逆になります。また、2人より多い人数、たとえば3人や4人のときは勝ち負けは逆にならず、そのとき数が少ないジャンケンの手が勝ちになります。左端の手が勝つジャンケンには○、負けかあいこには×を右側の四角につけていきます。では、一番上の段を見ましょう。左端の手はグーですね。すぐ隣の四角では2人がジャンケンをしていて、それぞれがパーとグーを出しています。今日はいつもとは逆の勝ち負けですから、グーの勝ちとなるので○をつけます。その隣はグー、チョキ、パーが1人ずつのあいこなので、×をつけます。その隣はグーが3人、パーが2人、チョキが1人で、手が一番少ないチョキの勝ちとなるので×をつけます。そして右端は、グーが1人、パーとチョキが2人ですから、手が一番少ないグーの勝ちとなるので○をつけます。やり方はわかりましたか。では、その下の段を見ましょう。今度は、グーとチョキの両方が勝つ四角に○をつけます。すぐ隣の四角を見ましょう。グー、チョキ、パーが1人ずつですから、あいこなので×、その隣はチョキが2人でグーとパーが1人ずつなので、グーとパーが勝ちになりこれも×ですね。その隣は、グーとチョキが1人ずつでパーが2人なので、グーとチョキの両方が勝ちになり○、右端はチョキは1人ですがパーとグーが2人なので勝つのはチョキだけとなり、×をつけます。やり方はわかりましたか。では、下の4つの段も、左端の手が勝つ四角には○、負けとあいこの四角には×をつけましょう。

3 観察力

・上の絵と違うところを下の絵で探して、○をつけましょう。違うところは全部で10個

あります。

4 巧緻性

プリントにかかれた三角形よりもやや小さい直角二等辺三角形（青）のシールのシートが配られる。

・三角のシールを、プリントの三角の中に向きを合わせて貼りましょう。ただし、三角の線にくっついたり、三角からはみ出したりしないようにしてください。シールは上の段の左から順番に貼りましょう。

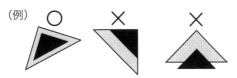

5 絵画（想像画）

クレヨンを使用する。前方に、左右に開いた窓の絵が提示される。

・（窓を示しながら）ここを通ると、大きいものは小さく、小さいものは大きくなります。あなたがここを通ったら、小さくなりました。野菜畑に行ってモヤシのすべり台で遊んでいると、いろいろな野菜たちが集まってきたので一緒に仲よく遊びました。では、その様子を描きましょう。

個別テスト	別の教室で絵本を読んで待つ。順番が近くなったら2人ずつ個別テストの部屋の前に誘導され、いすに座って待つ。1人ずつ入室し、起立したまま行う。

6 言語・常識（想像力）

テスターが絵カード4枚をお話の順番に並べる。絵カードを見ながら音声で流れるお話を聞いて、質問に答える。

「ウサギさんとキツネさんが折り紙でツルを折っています。ウサギさんは上手に折れずに困っているようです。それを見たキツネさんが『やってあげるよ』と言って、ウサギさんの折り紙を取りました。でもウサギさんは、頑張って自分で折りたいと思っていました。そこでキツネさんから折り紙を取り返そうとして、2匹はけんかになってしまいました。そこにタヌキさんがやって来ました。2匹を仲直りさせようと思ったのに、なかなか仲直りをしないので、タヌキさんは困ってしまいました」

・ウサギさんはどんな気持ちだと思いますか。

・キツネさんはどうすればよかったと思いますか。

・タヌキさんはどんなことをしたと思いますか。タヌキさんの気持ちになってお話ししましょう。

集団テスト

集団ゲーム（ピンポン球運び）

　6、7人ずつのチームに分かれ、2チーム同時にリレー形式で行う。跳び箱4段の上に透明な箱があり、箱の中にはピンポン球1つと、ピンポン球を運ぶ道具としてお玉、スプーン、しゃもじ、あく取り網などが人数分用意されている。チームで相談し、誰がどの道具を使うかを決めて1列に並ぶ。先頭の人は跳び箱の手前に置かれたフープの中に立つ。そこからスタートして、自分が使う道具を箱から取ってピンポン球をすくい、4つ置かれたコーンをジグザグに回ってよけながら進み、折り返して戻ってくる。戻ったらピンポン球を箱に戻し、道具を持ったままチームの列の後ろに並んで体操座りで待つ。次の人は、前の人がスタートしたらフープの中で立って待ち、ピンポン球が箱に戻されたら自分の道具ですくって前の人と同じように運ぶ。なお、ピンポン球を落としたときは、手で拾ってその場からやり直す。

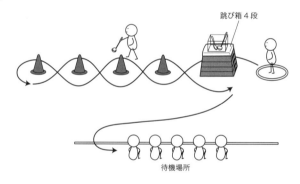

跳び箱4段

待機場所

運動テスト

待つ間は後ろを向いて体操座りをする。2人ずつ行い、テスターが押すストップウオッチの音を開始と終了の合図とする。

持久力

　小さな台に乗って鉄棒を逆手で握り、鉄棒より上に顔が出るように構える。テスターが台を外したら、足が床につかないようにそのままの姿勢を保つ。終了の合図で降りる。

両足跳び

　床に3つ並んだ四角の真ん中に立ち、両足をそろえて右側の四角に跳び、その場でもう1回ジャンプしてから真ん中の四角に跳んで戻る。今度は左の四角に跳び、その場でもう1回ジャンプしてから真ん中の四角に跳んで戻る。終了の合図までくり返す。

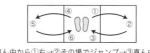

真ん中から①右→②その場でジャンプ→③真ん中に戻る
→④左→⑤その場でジャンプ→⑥真ん中に戻る

📧 お手玉投げ上げ

両足跳びを行った真ん中の四角の中に立つ。好きな方の手でお手玉を投げ上げ、手を1回
たたいてから投げ上げた手と反対の手でキャッチする。終了の合図までくり返す。

親 子 面 接

本 人

- ・お名前を教えてください。
- ・幼稚園（保育園）のお名前を教えてください。
- ・この学校の名前を知っていますか。
- ・今日は、朝起きてから今までに何をしましたか。
- ・何に乗ってここまで来ましたか。
- ・電車から景色は見えましたか。何が見えましたか。
- ・お友達にいじめられたらどうしますか。（答えに応じて質問が発展する）
- ・お友達から嫌なことをされたり、言われたりしたらどうしますか。（答えに応じて質問
　が発展する）
- ・好きな絵本は何ですか。どんなところが好きですか。
- ・お父さん、お母さんが読んでくれる絵本の中で、好きなものはありますか。どんなお話
　ですか。

父 親

- ・志望理由をお聞かせください。（父母のどちらが答えてもよい）
- ・本校に求めることをお聞かせください。（父母のどちらが答えてもよい）
- ・中学受験について、どのようにお考えですか。
- ・父親として、お子さんとのかかわりについてどのようにお考えですか。
- ・お子さんの将来について、どのようにお考えですか。
- ・お子さんには、将来どのような大人になってほしいですか。
- ・最寄り駅はどちらですか。
- ・ご自宅から本校までの通学経路を教えてください。

母 親

・本校に期待することは何ですか。（父母のどちらが答えてもよい）

・人間として成長していくうえで、何が大事だと思いますか。

・お子さんが困ったり悩んだりしているときは、どのように対応しますか。

・お子さんが壁にぶつかったときは、どのように接しますか。

・お子さんにどのような大人になってほしいか、母親としての思いを教えてください。

・もし学校でお子さんに何かトラブルなどがあった場合は、どうなさいますか。

※そのほか、面接資料の備考欄に記入した内容について確認がある。

面接資料／アンケート　Web出願後に郵送する面接資料に、下記の記入項目がある。

・児童の氏名、生年月日、性別、現住所、在園名、所在地。

・家族関係。

・保護者の氏名、年齢、携帯番号、自宅以外の連絡先（勤務先など）。

・備考欄。

※下記の項目について、いくつかの選択肢の中から該当するものに○をつける。

1.本校の行事などで、すでにご覧になったもの。

2.本校を志望なさる理由。

3.お子さんの将来について期待されていること（進学、職業）。

4.今回、受験までの準備としてなさったこと。

1

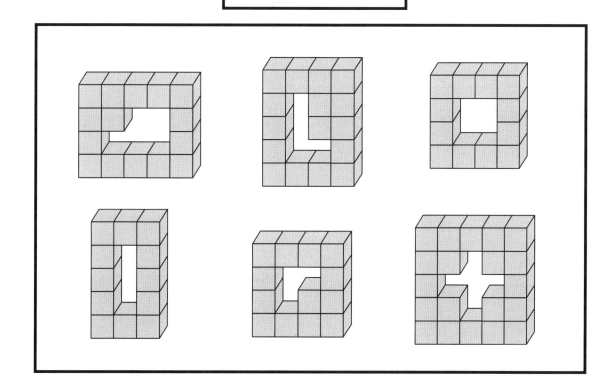

2

3

4

5

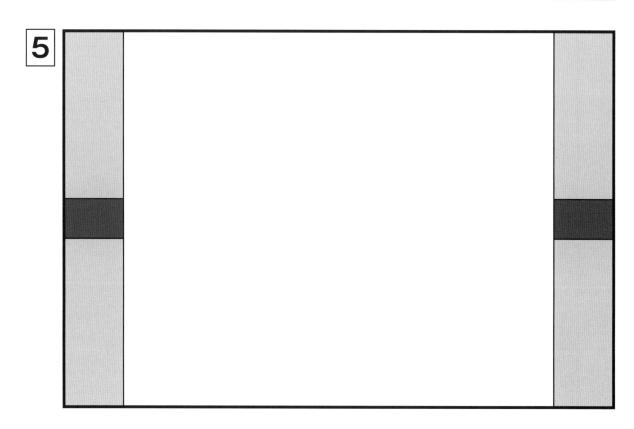

6

^{section}
2022　精華小学校入試問題

■ 選抜方法

受験番号は出願の受付順に決まる。考査は1日で、ペーパーテスト、個別テスト、集団テスト、運動テストを行う。所要時間は2〜3時間。考査日前の指定日時に親子面接がある。

┃ ペーパーテスト　┃　筆記用具は鉛筆を使用し、訂正は消しゴムを使う。出題方法は口頭。

1 位置の移動

・左上のロボットに、マス目の下にある命令を左から順番に出します。ロボットは矢印の向きにマス目を進みますが、黒いマス目や周りの太い線まで進まないと止まらないというお約束です。命令を全部出し終わったとき、ロボットが着くマス目に○をかきましょう。矢印の数は考えず、向きだけで考えましょう。

2 推理・思考

問題ごとに、それぞれお手本のサイコロをテスターが見せながら行う。

・上の四角には、このお手本のサイコロをいろいろな向きに置いた様子がかいてあります。このサイコロには、下の四角の中の印のうちどれかがかかれています。では、このサイコロを真ん中のように置いたとき、クエスチョンマークのところにかかれているのはどの印ですか。下の四角から選んで○をつけましょう。

3 置　換

・カードにかかれた印は、裏返しにすると別の印に変わります。一番上の長四角が変わり方のお約束です。では、下を見てください。左端にあるカードのうち、3枚を裏返したものはどれですか。右から選んで○をつけましょう。

4 点図形

・点と点をつないで、上と同じ形をその下にかきましょう。

▲ 絵画（想像画）

クレヨンを使用する。

「今日は野菜幼稚園の運動会です。初めはかけっこです。1番でゴールしたのはダイコンさん、2番目はタマネギさん、トマトさんは真っ赤な顔で走って3番目。4番目にゴール

したキュウリさんは途中で転んで皮がむけたけど、頑張って最後まで走りました」

・今のお話に合う絵を描きましょう。お顔もしっかり描いてください。

個別テスト

別の教室で絵本を読んで待つ。順番が近くなったら2人ずつ個別テストの部屋の前に誘導され、いすに座って待つ。1人ずつ入室し、起立したまま行う。

5 言語・常識（想像力）

絵を見ながら音声で流れるお話を聞いて、質問に答える。グループにより、質問の内容は異なる。

「ウサギさんは走ることが得意です。キリンさんは高いところにはどこでも届きます。サル君とタヌキ君は壊れたものを直すのが得意です。公園でクマ君がブランコに乗っていました。ウサギさんもブランコに乗りたいのに、クマ君は楽しいからと、ずっと乗っていました。するとブランコのひもが切れて、クマ君はしりもちをついてしまいました。その後、みんなでブランコを直してあげました」

・クマ君がしりもちをついたとき、ウサギさんはどう思ったでしょうか。ウサギさんになってお話ししてください。

・あなたがクマ君だったら、ウサギさんたちがブランコを直してくれたときにどんな気持ちになったと思いますか。クマ君になってお話ししてください。

・あなたの得意なことは何ですか。

集団テスト

📖 集団ゲーム

10〜12人の4チームに分かれ、2チーム対抗で行う。たるの中に人形が入っていて、つき刺す穴によっては人形が飛び出すおもちゃが用意されている。順番にたるに剣や鍵を刺していき、中の人形が先に飛び出したチームが勝ちとなる。人形は数種類あり、どれを使うか、どのような順番で剣などを刺すかは相談して決める。前の人が戻ってくるまで次の人は待つ、刺し終わったら列に戻って体操座りで待つ、人形が飛び出すので、剣などを刺すときは顔をおもちゃに近づけない、などのお約束がある。

運動テスト

待つ間は後ろを向いて体操座りをする。

📖 両足跳び

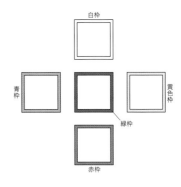

床に四角い枠が十字形に並べられ、それぞれに色がついている。真ん中の緑の枠の中に立ち、両足をそろえて前、後ろ、右、左の順で枠に跳ぶ。「やめ」と言われるまでくり返す。次の枠に移動する前に真ん中の枠に戻る、左と後ろのみ2回ずつ跳躍するというお約束がある。

ゴム段跳び・くぐり

離れた場所にある高さの違う2本のゴム段を、跳んだりくぐったりする。低いゴム段の前に立ち、両足で跳び越えたらゴム段とゴム段の間に戻り、高いゴム段をくぐって外に出る。スタートした場所に戻り同じ流れを「やめ」と言われるまでくり返す。

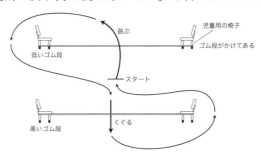

シャトル投げ

正面の段ボール紙（高さ150㎝程度）に向かって、2.5～3m離れた位置からバドミントンのシャトルを2つ投げる。段ボール紙の半分ほどの高さに青いラインが引いてあり、それよりも高い位置をねらう。

親 子 面 接

本 人

・お名前、幼稚園（保育園）名を教えてください。
・この小学校の名前は何といいますか。
・保育園（幼稚園）で何をして遊びますか。
・お友達とけんかをしたことはありますか。
・お友達とけんかをしたらどうしますか。
・お父さん、お母さんにしかられるのはどんなときですか。
・読んでいる絵本（好きな絵本）は何ですか。

父 親

・志望理由をお聞かせください。
・ご自宅から本校までの通学経路を教えてください。
・父親としてお子さんとのかかわりについてどのようにお考えですか。
・将来どんな大人になってほしいですか。

母 親

・志望理由をお聞かせください。
・コロナ禍での授業対応についてどう思いますか。
・コロナ禍で、学校に求めることは何ですか。
・ごきょうだいの学校（別の私学）は、どのような授業形態ですか。
・お子さんに悩みがあるとき（普段と様子が異なるとき）は、どのように対応しますか。
・学校までは徒歩で来られますか。

面接資料／アンケート　Ｗｅｂ出願後に郵送する面接資料に、下記の記入項目がある。

・児童の氏名、生年月日、性別、現住所、在園名、所在地。
・家族関係。
・保護者の氏名、年齢、自宅以外の連絡先（携帯番号、勤務先など）。

※下記の項目について、いくつかの選択肢の中から該当するものに○をつける。
1.本校の行事などで、すでにご覧になったもの。
2.本校を志望なさる理由。
3.お子さんの将来について期待されていること（進学、職業）。
4.今回、受験までの準備としてなさったこと。

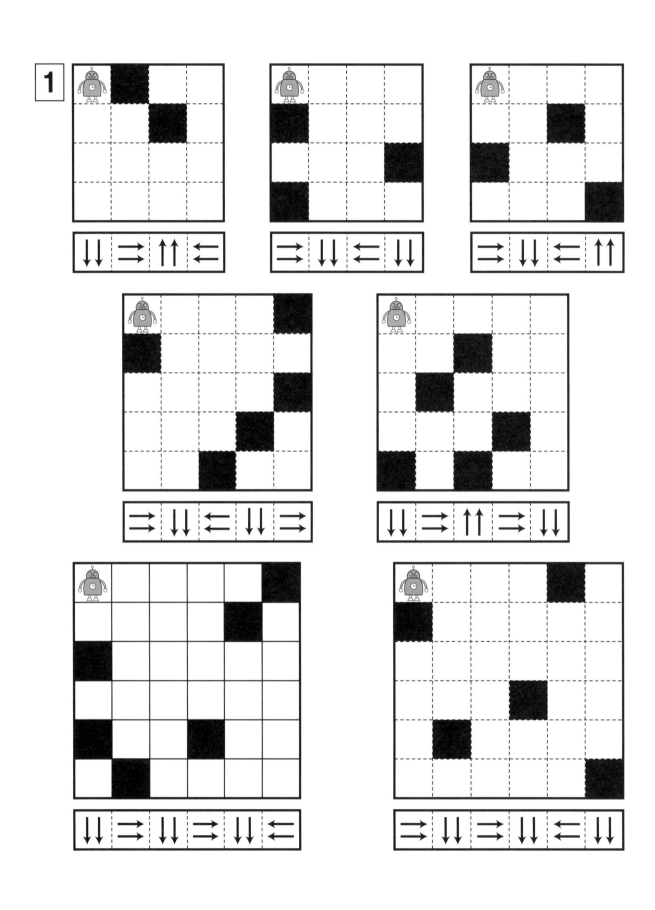

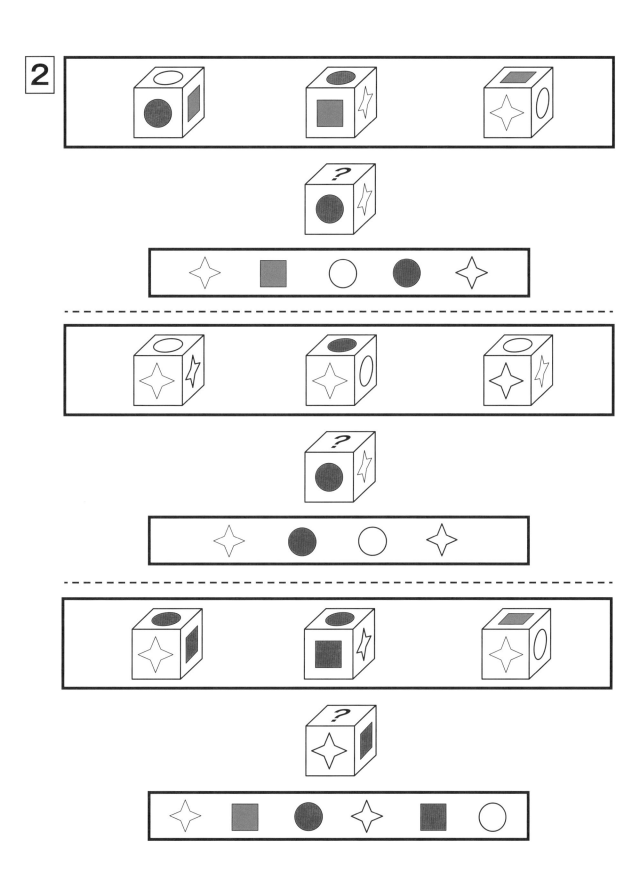

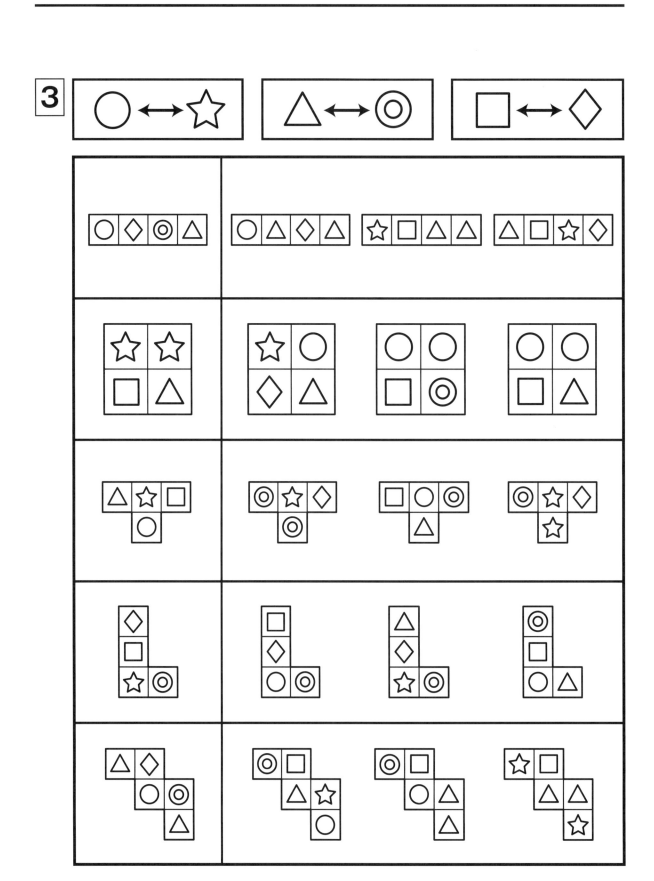

4

5

^{section}2021 精華小学校入試問題

■ 選抜方法

受験番号は出願の受付順に決まる。考査は1日で、ペーパーテスト、個別テスト、集団テスト、運動テストを行う。所要時間は2時間30分～3時間。考査日前の指定日時に親子面接がある。

┃ ペーパーテスト ┃ 筆記用具は鉛筆を使用し、訂正は消しゴムを使う。出題方法は口頭。

1 推理・思考（比較）

・マス目に色が塗ってあります。塗ってあるところが一番広いのは、どの色ですか。右から選んで○をつけましょう。

2 観察力

・マス目の中に果物が描いてあります。4つの果物がマス目の左側にあるお手本の順番で並んでいるところを探して線で囲みましょう。下の四角の中にある形で並んでいるところだけを探してください。

3 巧緻性

プリントにかかれた枠よりもやや小さい長方形のシール4色（実際に配付されたのは縦37mm×横23mmくらいの大きさ）が各色1シートずつ配られる。
・左端の色と同じ色のシールを、その右側に並んでいる枠の中に貼りましょう。

4 数　量

・人が四角い段々にはしごをかけて、上ったり下りたりしながらリンゴのところまで行きます。1本のはしごで1段の上り下りができるとすると、なるべく少ない数のはしごでリンゴに行くには、はしごは何本あればよいですか。右の四角の中にあるはしごに、その数だけ1つずつ○をつけましょう。ただし、最初にかかっているはしごの分はもう○がつけてありますので、その続きから○をつけてください。

5 絵画（想像画）

クレヨンを使用する。時間帯により下記のいずれかが出題される。
・あなたが絵本を読んでいたら、お話が本から飛び出してきました。それはどんなお話ですか。その様子を描きましょう。

・あなたが絵本を読んでいたら、中の絵が飛び出してきました。何が出てきたらうれしいですか。その絵を描きましょう。

個別テスト

別の教室で絵本を読んで待つ。順番が近くなったら2人ずつ個別テストの部屋の前に誘導され、いすに座って待つ。1人ずつ入室し、起立したまま行う。

6 言語・常識（想像力）

絵を見ながら音声で流れるお話を聞いて、質問に答える。

「今日は動物村の展覧会です。ウサギさんは、粘土で作った冠を観てもらうのを楽しみにしています。それより楽しみなのは、みんなで協力して作った大きなお家を家族に観てもらうことです。準備が終わったクマさん、サル君とウサギさんは、作ったお家の前でボール遊びをしていました。すると、ウサギさんが投げたボールが飛んでいってお家の屋根に当たり、屋根が壊れてしまいました。先生にしかられて、みんなで屋根を直しました」

・あなたがウサギさんだったら、どうしますか。ウサギさんになってお話ししてください。

集団テスト

🔖 集団ゲーム

約7人ずつの4チームに分かれ、2チーム対抗で行う。各チームのスタート地点に、面に色のついたサイコロが1つ、いろいろな色の人形がたくさん用意されている。前方には下が半円状になっていて揺れるタワーがチームごとにあり、タワーには人形と同じ色の台がついている。チームごとにサイコロを転がし、出た面の色と同じ色の人形を持って自分のチームのタワーまで走る。人形をタワーの同じ色の台に載せたら走って戻り、次の人も同じように行う。載せるときに人形が台から落ちてしまってもそのままにして戻り、列の後ろにつく。「やめ」と言われたら終了し、タワーに載っている人形が多い方のチームが勝ち。初めに、チームごとに相談して人形を載せる順番を決めてから行う。

運動テスト

待つ間は後ろを向いて体操座りをする。

🔖 ひざの屈伸

テスターの指示通り、しゃがむ、立つ、をくり返す。

📎 指の屈伸

手を広げ、ひじを伸ばして両腕を斜め横に上げる。親指から順番に指を折り、小指から開く。

📎 片足バランス

片足立ちになり、上げた足を後ろに折ってつま先を両手で持つ。左右どちらの足でもよい。

📎 ケンケン

床に引かれた2本のラインの間にある四角の中に立ち、右側のラインの上で右足で2回ケンケンした後、四角の中に両足をそろえて戻る。次に左側のラインの上で左足で同様に行い、四角の中に同様に戻る。これを「やめ」と言われるまでくり返し行う。

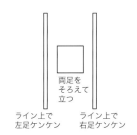

両足を
そろえて
立つ

ライン上で　　　ライン上で
左足ケンケン　　右足ケンケン

📎 機敏性

小さいコーン3本が床に三角になるように置かれており、それぞれにボール（ピンク、白、黄色）が1つずつ載せてある。3本のコーンの真ん中に立ち、スタートの合図でボールのどれか1つを持って、約3m離れたところに同じように置いてあるコーンの上の同じ色のボールと入れ替える。ほかの色も同じように行い、3色すべて入れ替えたらスタートと同じ場所に立って気をつけの姿勢で待つ。

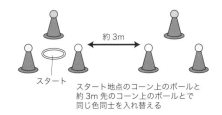

約3m

スタート

スタート地点のコーン上のボールと
約3m先のコーン上のボールとで
同じ色同士を入れ替える

親 子 面 接

本 人

・お名前、幼稚園（保育園）名を教えてください。
・この小学校の名前は何といいますか。
・お家ではどのようなことをして遊んでいますか。誰と遊んでいますか。
・お家の人にしかられるのは、どのようなときですか。
・好きな絵本は何ですか。どのようなところが好きですか。ほかにも好きな絵本はありま

すか。

父 親

・志望理由をお聞かせください。（父母のどちらが答えてもよい）
・家庭における父親としての役割を、どのようにお考えですか。
・ご自宅から本校までの通学経路を教えてください。

母 親

・子育てで大切にしていることは何ですか。
・お子さんの将来について、どのようにお考えですか。
・小学校入学後、学校でいろいろなことがあるかもしれません。そのときの対処法について、方針などがあれば教えてください。
・お子さんが壁にぶつかったとき、母親としてどのようにかかわりますか。
・お子さんにどのような職業に就いてほしい、またはどのような進路を進んでほしいと思いますか。
・お子さんには、どのような力をつけてどのように育ち、どのような大人になってほしいですか。

面接資料／アンケート　Ｗｅｂ出願後に郵送する面接資料に、下記の記入項目がある。

・児童の氏名、生年月日、性別、現住所、在園名、所在地。
・家族関係。
・保護者の氏名、年齢、自宅以外の連絡先（勤務先など）。

※下記の項目について、いくつかの選択肢の中から該当するものに○をつける。
1．本校の行事などで、すでにご覧になったもの。
2．本校を志望なさる理由。
3．お子さんの将来について期待されていること（職業）。
4．今回、受験までの準備としてなさったこと。

1

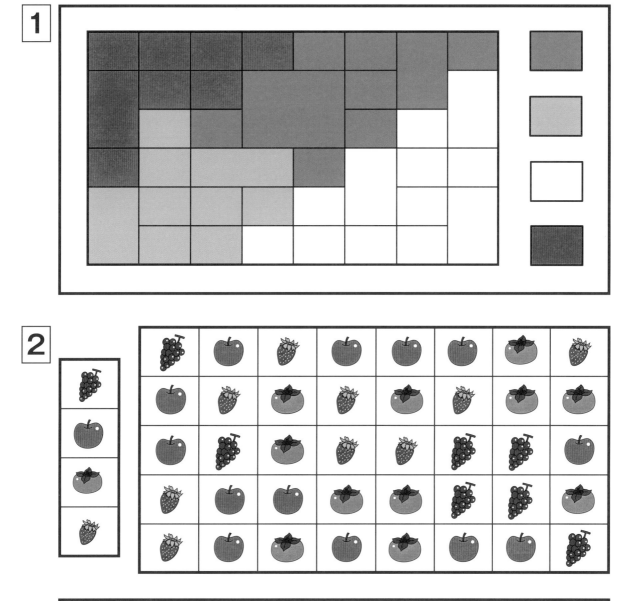

2

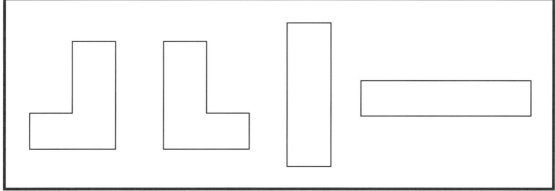

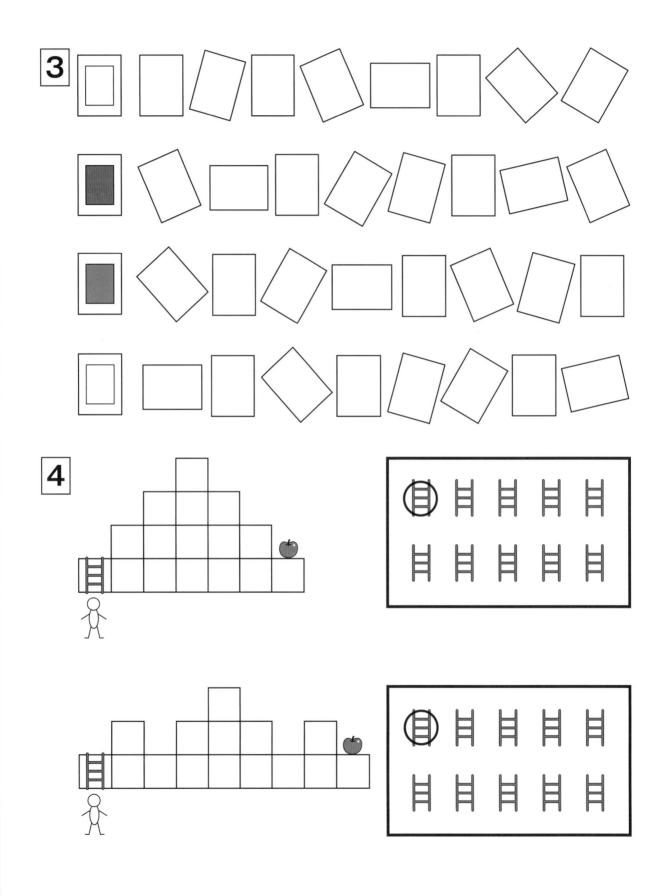

3

4

5

6

2020 精華小学校入試問題

■ 選抜方法

受験番号は郵送受付順に決まる。考査は1日で、ペーパーテスト、個別テスト、集団テスト、運動テストを行う。所要時間は2～3時間。考査日前の指定日時に親子面接がある。

┃ ペーパーテスト

筆記用具は鉛筆を使用し、訂正は消しゴムを使う。出題方法は話の記憶のみ音声で、ほかは口頭。

1 構 成

・上の2段です。左のお手本を右のパズルを使って作ります。いらないものを選んで○をつけましょう。

・下の2段です。左のお手本と同じものを、右のカードを使ってできるだけたくさん作ります。そのとき、余るカードに○をつけましょう。

2 位 置

・ブタ君とクマさんとトラさんが、花の種を植えます。上のお約束を見てください。ブタ君は、今自分がいるところから斜めの向きに進んだところに植えられます。クマさんは、今自分がいるところから縦と横に進んだところに植えられます。トラさんは、自分の周りに植えられます。3匹が同じところに花を咲かせるには、4つの四角それぞれでどこに種を植えるとよいですか。その場所に○をかきましょう。

3 推理・思考（対称図形）

・左の模様のついた透明な紙は、半分に折ってあります。これをパタンと右に倒すと、模様はどのようになりますか。右側の四角にかきましょう。下の段は上から下へパタンと倒したところです。模様はどのようになりますか。下の四角にかきましょう。

4 指示の理解

・×と○の印をマス目にかいていきます。どの段も、左端には必ず×が1つかいてあります。まず、すぐ右のマス目の同じ場所に×をかいてから、同じマス目の空いているどこかに○を1つかき足します。次に、さらにその右のマス目にさっきのマス目の×と○をかき写してから、空いているどこかに今度は×を1つかき足します。このように、マス目が右に進むたびに○と×をかわりばんこに1つずつかき足していくと、右端のマス目にはすべての場所に○か×のどちらかがかいてあることになります。では、マス目から

飛び出したりしないように気をつけて、「やめ」と言われるまで印をかきましょう。一番下までやりましょう。

◼ 絵画（想像画）

クレヨンと画用紙が用意されている。聞こえてくる音が何の音かを考え、それに合う絵を描く。音は「ニャー」「シー」「ヨーイ、スタート、ピッ」「ドスン、ドスン」など、グループによって異なる。

| 個別テスト | 在校生に絵本を読んでもらって待つ。教室に呼ばれ、起立したまま個別テストを行う。 |

5 お話作り

4枚の絵カードを見せられる。最初の1枚はテスターが選んで置く。
・残りの3枚をお話が続くように並べ替えて、お話を作りましょう。

集団テスト

◼ 集団ゲーム（ジェスチャーゲーム）

約7人ずつのグループに分かれて行う。ジェスチャーをする人が机の上にある絵カードの中から1枚を引き、そこに描いてあるものを体を使って表現する。ほかの人はその様子を見て、何を表現したのか当てる。

| 運動テスト | 待つ間は後ろを向いて体操座りをする。 |

◼ ボール投げ

線からボールを投げ、それを自分で捕りに行く。捕ったボールを最初の線に向けて転がし、追いつくように走って捕りに戻る。

◼ ケンパー

スタートの線からケンパーを4回して進む。帰りも同じようにして戻ってくる。

◼ 機敏性

横に3つ並んだ四角の真ん中に立つ。両足をそろえて右の四角→真ん中の四角→左の四角→真ん中の四角とジャンプで移動する→右手を上げる→左手も上げる→少しかがんで右手

をひざに置く→左手もひざに置く。この動きを1セットとして、リズムに合わせて「やめ」と言われるまで続けて行う。

親 子 面 接

本 人

・お名前、幼稚園（保育園）の名前、クラスの名前を教えてください。
・この小学校の名前は何といいますか。
・幼稚園（保育園）では何をして遊びますか。
・お外で遊ぶのは好きですか。
・雨の日は何をして遊びますか。
・お友達とけんかをしますか。けんかをしたときは、先生に言いますか。
・好きな絵本は何ですか。どのようなところが好きですか。

父 親

・志望理由をお聞かせください。
・子育てで大切にしていることは何ですか。
・子育てで気をつけていることは何ですか。
・自宅の最寄り駅と通学経路を教えてください。

母 親

・どのようなお子さんですか。
・お子さんをしかったり、ほめたりするのはどのようなときですか。しかる基準を教えてください。
・子育てにおいて、手を貸さずに見守っていることは何ですか。
・子育てに関して、ご主人と意見が一致しない場合はどうしますか。

面接資料／アンケート

面接日に、待合室でアンケート（下記項目2枚）を記入する。

※下記の項目について、いくつかの選択肢の中から該当するものに〇をつける。
・志願理由、子どもに将来就かせたい職業、参加した学校行事、受験のための学習方法。
※必要事項を記入する。
・子どもの名前、住所、幼稚園名（印字済みのものを確認する）。
・保護者の緊急連絡先、勤務先。
・家族構成。

1

2

3

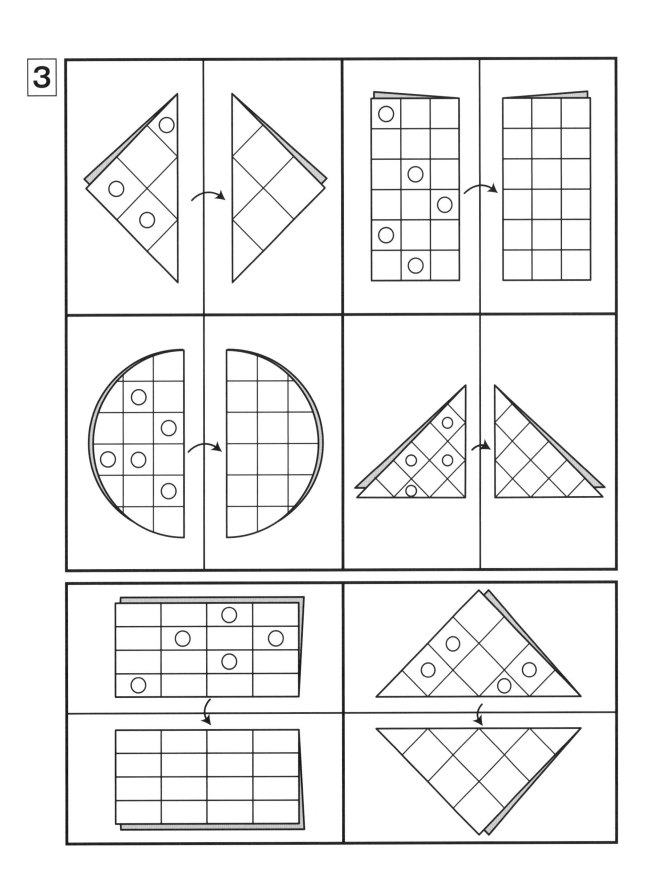

4

5

2019 精華小学校入試問題
_{section}

選抜方法

受験番号は郵送受付順に決まる。考査は1日で、ペーパーテスト、個別テスト、集団テスト、運動テストを行う。所要時間は約2～3時間。考査日前の指定日時に親子面接がある。

ペーパーテスト

筆記用具は鉛筆を使用し、訂正は消しゴムを使う。出題方法は話の記憶のみ音声で、ほかは口頭。

1 推理・思考（進み方）

・マス目の上にある色と形のお約束の通りに、バツ印がマス目の中を動きます。青のときは左、緑のときは上、黄色のときは下、ピンクのときは右に動きます。また、丸のときは1つ、三角のときは2つ、四角のときは3つ動きます。では、マス目の上にある印の順にお約束通りに進むと、バツ印はどこに着きますか。着いた場所に×をかきましょう。

2 推理・思考（あみだくじ）

・丸、バツ、二重丸からそれぞれあみだくじをします。あみだくじは、横の線があるところに来たら必ず横に曲がりながら下に進んでいきます。それぞれの印は、どこに着きますか。着いた場所にその印をかきましょう。

3 構 成

・左の形を3つ使ってできるものはどれですか。右から選んで○をつけましょう。形は回してもよいですが、裏返してはいけません。

4 観察力（同図形発見・異図形発見）

・左上の四角の中にある形と同じものは◎、違うものには○を、それぞれの下の四角にかきましょう。形は向きが変わっているものもあります。

絵画（条件画）

パステルクレヨンを使用する。
「ウサギさんが、レンガの植木鉢に種を1つ植えました。6月になったら、芽が出ました。7月になったら、つぼみができて花が咲きました。ウサギさんよりも背が高いヒマワリです。ウサギさんはうれしくて、植木鉢の周りを『ワーイ』と言って走り回りました」
・（テスターのお話を聞いた後）お話に合う絵を描きましょう。

個別テスト | 在校生に絵本を読んでもらって待つ。教室に呼ばれ、起立したまま個別テストを行う。

5 言語・常識（想像力）

絵を見ながら、音声で流れるお話を聞いて、テスターと1対1で質問に答える。

「ある日、お母さんグマが子グマ君に言いました。『明日は遠足よ』『ワーイ。お母さん、目覚まし時計を貸して』と子グマ君が言いました。お母さんは驚いて、『どうして？』と聞きました。すると子グマ君は、『僕はもう小学生になるから、自分で起きようと思うんだ』と言いました。目覚まし時計を貸してもらい、起きる時間を合わせて、子グマ君は寝ました。次の日、朝日がまぶしくて子グマ君は目が覚めました。目覚まし時計を見ると、起きる時間はとっくに過ぎていました。子グマ君はびっくりして、急いで支度をしました。それからお母さんのところへ行き、『どうして起こしてくれなかったの？』と言って怒って遠足に行ってしまいました」

・どうして子グマ君は怒っていたのでしょうか。
・お母さんグマは、どんな気持ちだと思いますか。

（話の続きが始まる）
「子グマ君は遠足から帰ると、楽しかったことをお母さんグマに話し始めました。でも、お母さんグマは聞いてくれませんでした」

・どうしてお母さんグマは、話を聞いてくれなかったのでしょうか。
・あなたが子グマ君だったら、何と言いますか。

集団テスト

🔲 集団ゲーム（ドミノ倒し）

5、6人ずつのグループに分かれて、ドミノ倒しゲームをする。真っすぐに並んでいるもの、曲がっているものなど、並べ方のお手本の写真が4種類あり、どの並べ方にするか、また誰が倒すかをグループごとに相談して決める。ドミノは各グループで決められた場所に並べるというお約束がある。並べている途中で倒れてしまった場合は、倒れたドミノを取りのぞいて続きからまた並べていく。合図があったらドミノを倒し、倒れたドミノが多いチームの勝ち。

【ドミノの並べ方のお手本例】

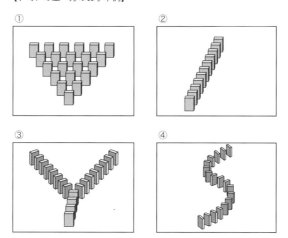

① ② ③ ④

運動テスト

待つ間は後ろを向いて体操座りをする。番号で呼ばれ、2人ずつ行う。

指の屈伸

手を広げ、親指から順に指を折っていく。

ボールつき

ボールをつき、手を1回たたいてからバウンドしたボールをキャッチする。

アザラシ歩き

アザラシ歩きで進み、コーンを回って戻ってくる。

両足跳び

床に十字形に四角が並んでおり、それぞれ色がついている。真ん中の四角の中に立ち、両足をそろえて青の四角に跳び、その場で2回手をたたいてから真ん中の四角に跳んで戻る。今度はピンクの四角に跳び、その場で2回手をたたいてから再び真ん中の四角に跳んで戻る。これを合図があるまで青→ピンク→緑→白と時計回りにくり返す。途中でテンポが速くなる。

親 子 面 接

本 人

・お名前、幼稚園（保育園）名、年齢を教えてください。
・この小学校の名前は何といいますか。
・この小学校に来たことはありますか。
・幼稚園（保育園）ではお友達と何をして遊びますか。
・お友達とけんかはしますか。けんかをしたら大人の人に言いますか。
・お父さん、お母さんと3人で、お家で何をして遊びますか。外でもよいですよ。
・お母さん（お父さん）に本を読んでもらっていますか。
・好きな絵本は何ですか。どのようなところが好きですか。

父　親

・志望理由をお話しください。
・本校の生徒を見てどのように感じますか。
・本校までの通学経路を教えてください。
・お子さんとのスキンシップはどのようにしていますか。
・どのようなときにお子さんをしかりますか。
・お子さんに絶対にしてはいけないと教えていることは何ですか。
・本校にいらっしゃったことはありますか。
・本校の授業をご覧になりましたか。

母　親

・志望理由をお話しください。
・本校の生徒を見てどのように思われましたか。
・過干渉とならないよう、少し距離をとって子どもと接する方がよいと言われていますが、どのようにお考えですか。
・過干渉によって自立性を損なわないために、どのようなときにどのような対応をしていますか。
・お子さんがかばんの中に壊れているものや自分のものではないものを入れて帰宅したら、どのように対応しますか。
・小学校の6年間でものがなくなったりけがをさせられたりすることもあると思いますが、どのように対応しますか。
・お子さんがけがをして帰ってくることが何回も続いた場合、どのように対応しますか。

面接資料／アンケート　面接日に、待合室でアンケート（下記項目2枚）を記入する。

※下記の項目について、いくつかの選択肢の中から該当するものに○をつける（一部自由記入あり）。

・志願理由、子どもに将来就かせたい職業、進学志望大学、参加した学校行事、受験のための学習方法。

※必要事項を記入する。

・子どもの名前、住所、幼稚園名（印字済みのものを確認する）。

・保護者の緊急連絡先、勤務先。

・家族構成。

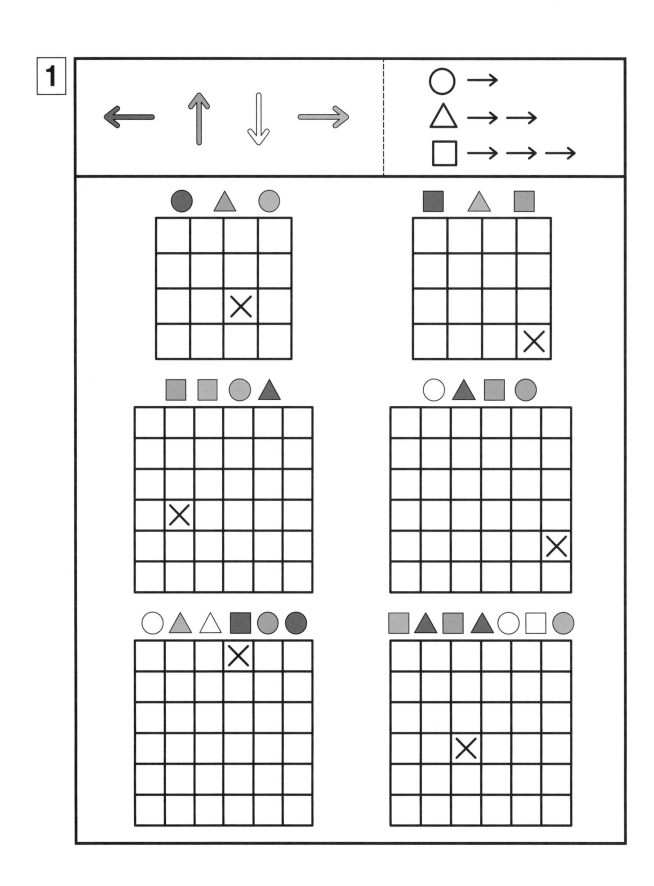

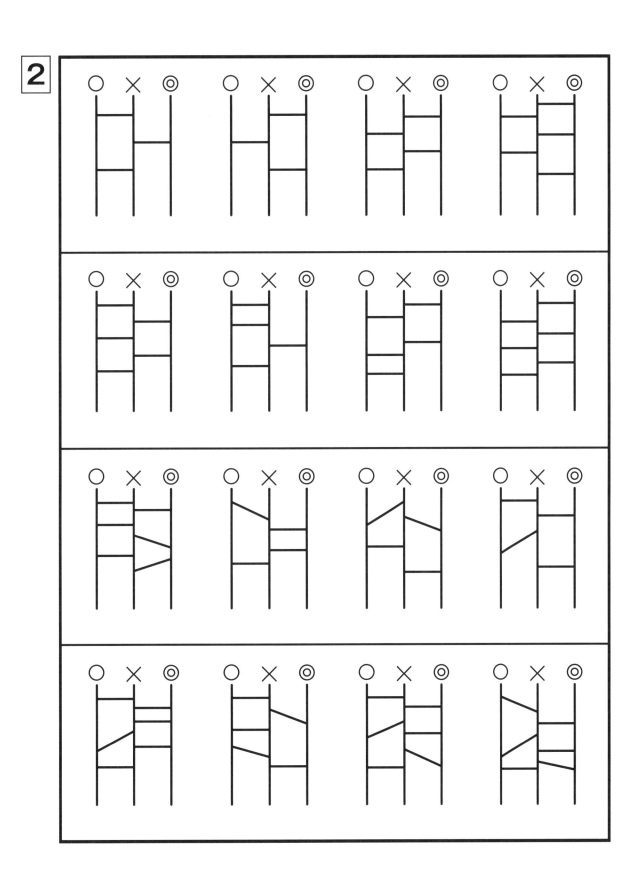

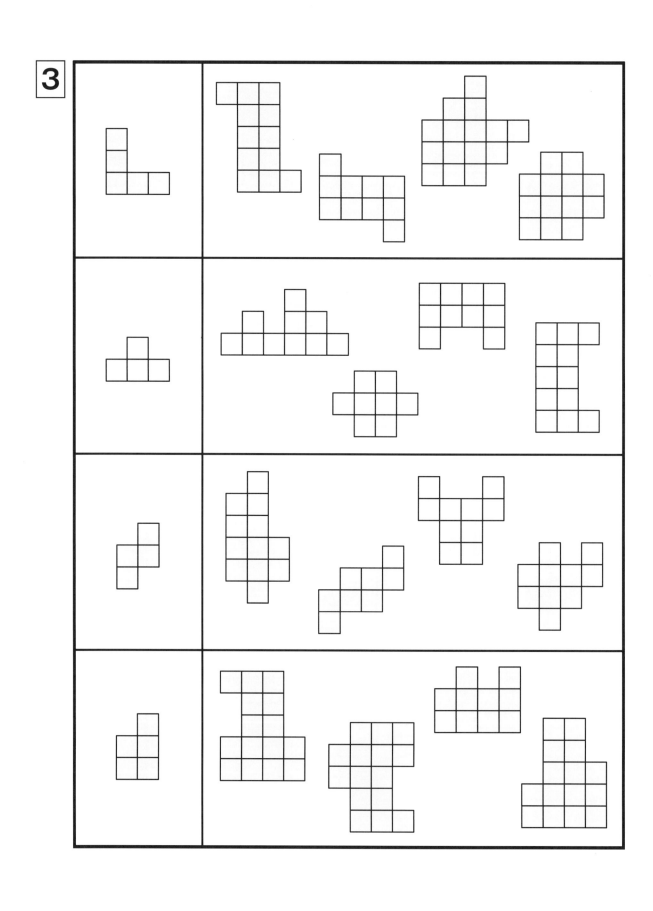

4

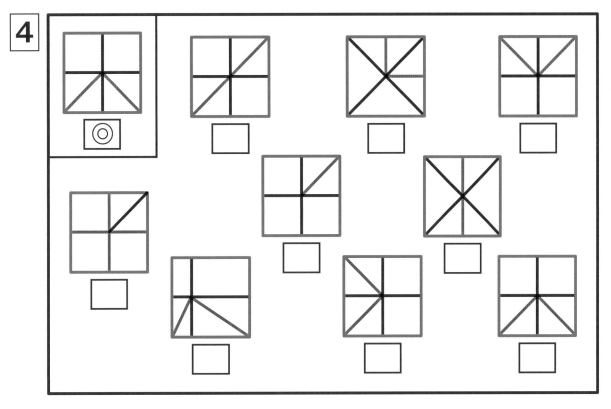

5

■ 選抜方法

受験番号は郵送受付順に決まる。考査は1日で、ペーパーテスト、個別テスト、集団テスト、運動テストを行う。所要時間は2時間30分〜3時間。考査日前の指定日時に親子面接がある。

■ ペーパーテスト ┃ 筆記用具は鉛筆を使用し、訂正は消しゴムを使う。出題方法は口頭。

1 推理・思考

・左のように、動物が観覧車に乗っています。観覧車が矢印の方向に回って右のように動いたとき、しましまのゴンドラに乗っているのはどの動物ですか。下の四角の中から選んで○をつけましょう。

2 推理・思考（重ね図形）

・丸い穴が開いているいろいろな形の紙があります。真ん中の点線で囲まれた白い四角に周りの四角がすべて重なるように折って重ねたとき、重ねた紙の一番下まで丸い穴が開く場所に○をつけましょう。印は右の四角につけてください。

3 推理・思考（進み方）

・上の四角を見ましょう。それぞれの印は矢印の向きに進むというお約束です。ネコが今いるところからマス目を進みます。マス目の上にある印の順番でお約束通りに進むと、ネコはどのマス目に着きますか。通る道に線を引き、着いたマス目に○をかきましょう。

4 巧緻性

黄色、ピンク、青の長方形の付箋紙が束で用意されている。

・お手本と同じ順番でマス目の中に3枚、矢印の方向に貼っていきましょう。重なったり、マス目からはみ出したりしないように上の段から貼っていき、2段目、3段目と続けてやってください。

5 絵画（創造画）

クレヨンを使用する。4つに分かれた四角の中に、赤、青、緑、オレンジ色の正三角形が1つずつ、バラバラの向きと位置で描かれている。

・描いてある形に絵を描き足し、それぞれ違う絵にしましょう。

| 個別テスト | 在校生に絵本を読んでもらって待つ。教室に呼ばれ、起立したまま個別テストを行う。 |

6 話の理解・常識（想像力）・言語

音声で流れるお話を聞いて質問に答える。（話の途中で2枚の絵を見せられる）

「ある森に、きれいな羽を持った小鳥たちと1羽のカラスがいました。カラスはきれいな小鳥たちと遊びたいのですが、羽が黒いので仲間はずれにされてしまい、いつもひとりぼっちでした。ある日、大きな網を持った男の人がやって来て、きれいな小鳥たちをみんな捕まえてしまいました。男の人はきれいな羽根を使って、きれいな服を作ろうとしていたのです。きれいな小鳥たちが男の人のお家にあるおりに閉じ込められたのを知って、カラスは夜になるのを待ちました。カラスには、きれいな小鳥たちを助ける作戦があったのです。『夜は真っ暗で、僕も真っ黒い。だから、誰も僕に気がつかない』。夜になると、カラスは森を抜けて男の人のお家までやって来ました。おりにはやっぱりきれいな小鳥たちが閉じ込められていて、男の人が逃げないように見張っています。男の人は辺りを見回していましたが、真っ黒いカラスに気がつきません。そこでカラスは音をたてないようにそーっとおりに近づいて、こっそり鍵を開けました。そしてみんなで逃げ出すと、一緒に森に帰りました。きれいな小鳥たちは『カラスさんありがとう。これからは仲間に入れるね』とお礼を言いました」

2枚の絵を見ながら、テスターと1対1で質問に答える。

・小鳥たちはカラスに助けてもらって、どんな気持ちでしたか。
・カラスの気持ちになって、いっぱいお話ししてください。
・カラスはきれいな小鳥たちをどうして助けられたのでしょうか。
・森に一緒に帰って「ありがとう」と言われたカラスは、どんな気持ちになりましたか。

集団テスト

集団ゲーム（ドミノ倒し）

5、6人ずつのグループに分かれ、ドミノ倒し競争を行う。真っすぐに並んでいるもの、分かれ道があるものなど、並べ方のお手本の写真が3種類あり、どの並べ方にするかグループごとに相談して決める。ドミノはピンクの枠の内側に並べ、ドミノを倒す1人を決める。ドミノが途中で止まらずに全部倒れたグループの勝ち。

▌ 運動テスト ▌ 待つ間は後ろを向いて体操座りをする。番号で呼ばれ、2人ずつ行う。

📚 模倣体操

両手を上、横、前に伸ばす。

📚 風船つき

風船を落とさないようにつき上げながら進み、コーンを回って戻ってくる。

📚 立ち幅跳び

マットの上に間隔をあけて線が2本引かれている。手前の線からはみ出さないように立ち、2回のジャンプで向こう側の線を跳び越える。

📚 両足跳び

床に3つ並んだ四角の真ん中に立つ。両足をそろえて右側の四角に跳び、その場でもう1回ジャンプしてから真ん中の四角に跳んで戻る。今度は左の四角に跳び、また真ん中の四角に跳んで戻る。これを合図があるまでくり返す。

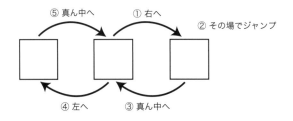

▌ 親 子 面 接 ▌

本 人

・お名前を教えてください。
・幼稚園（保育園）の名前を教えてください。
・年齢はいくつですか。
・この小学校の名前は何といいますか。
・お母さんの作るお料理で好きなものは何ですか。その作り方を知っていますか。
・家族の中で一番優しい人は誰ですか。どんなところが優しいですか。（なぜですか）
・家族の中で一番怖い人は誰ですか。どのようなときに怒られますか。（なぜですか）

・お友達とけんかをしたり、お友達に意地悪をしたりするのはよくないことですが、どうしてよくないことなのかお話ししてください。

父　親

・本校の受験を決めるまでにご夫婦でいろいろと悩まれたりしたと思いますが、その過程も含めて志望理由をお話しください。
・最寄り駅はどちらですか。自宅から最寄り駅までは徒歩で何分かかりますか。
・幼稚園（保育園）はどちらにありますか。
・本校には自主性を重んじる校風がありますが、ご家庭でお子さんに主体性を持たせるためにどのようにされているか教えてください。
・お子さんについて、特に意識してほめていることや厳しくしていることはありますか。
・ご夫婦で意見が食い違うときはどのようにされていますか。
・お子さんが進学先や就職先を決めるとき、どのようにアドバイスしたいと思いますか。
・指示待ち、受け身といった姿勢が問題になっていますが、どのようにお考えになりますか。

母　親

・どうして本校を受験することに決めたのですか。その過程はどうでしたか。
・子どもが生まれてからすぐに小学校受験を考えるご家庭もあると思いますが、どのような理由で受験を考えられましたか。
・ご夫婦で意見が食い違うときはどうされていますか。この受験に関してはどうでしたか。
・お子さんにどのようにしつけをされていますか。しつけをするうえで大変だったことはありますか。
・子どもの習慣づけは難しいことだと思いますが、習慣づいたことや習慣づきつつあることはありますか。
・食生活で気をつけていることは何ですか。
・お子さんのかばんの中にお子さんの持ち物ではないものが入っていたらどうしますか。

面接資料／アンケート　面接日に、待合室でアンケート（下記項目2枚）を記入する。

※下記の項目について、いくつかの選択肢の中から該当するものに○をつける。
・志願理由、子どもに将来就かせたい職業、進学志望大学、参加した学校行事、受験のための学習方法。
※必要事項を記入する。
・子どもの名前、住所、幼稚園名（印字済みのものを確認する）。
・保護者の緊急連絡先、勤務先。
・家族構成。

1

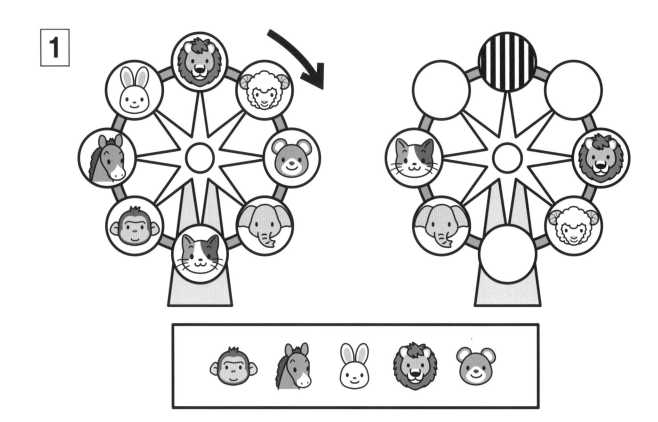

2

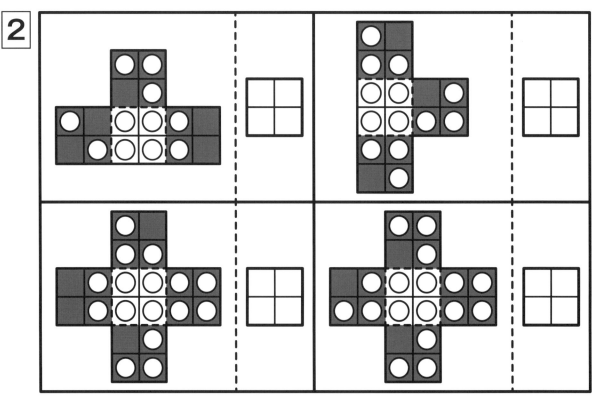

3

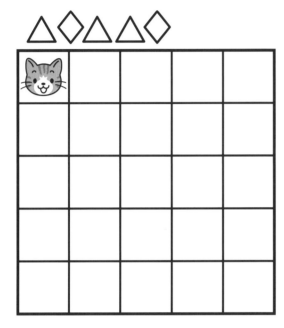

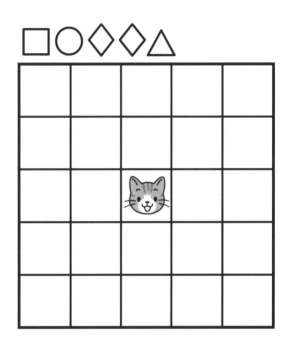

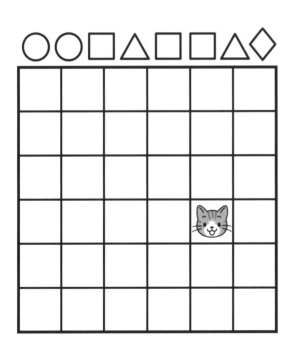

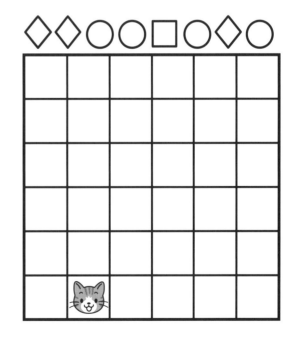

4

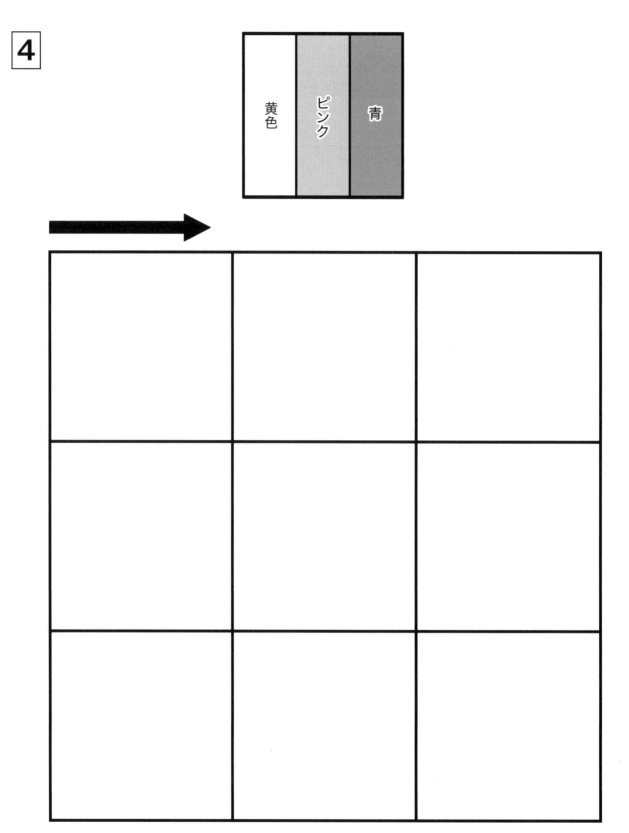

黄色　ピンク　青

5

6

section
2017 精華小学校入試問題

■ 選抜方法

受験番号は郵送受付順に決まる。考査は1日で、ペーパーテスト、個別テスト、集団テスト、運動テストを行う。所要時間は約2時間。考査日前の指定日時に親子面接がある。

▮ ペーパーテスト ▮ 筆記用具は鉛筆を使用し、訂正は消しゴムを使う。出題方法は口頭。

1 観察力

・1段目を見ましょう。左のように、表が黒で裏が白のカードを並べました。カードを何枚か裏返したら、矢印の右のようになりました。初めと比べて色が変わったカードに○をつけましょう。印は右側につけてください。下の段も同じようにやりましょう。

2 系列完成

・動物や果物が決まりよく並んでいます。丸、三角、バツのところには、どの動物や果物が入りますか。すぐ下の四角の中から選んで、それぞれ印をつけましょう。

3 構 成

・左のマス目のどこかを縦か横の1本の真っすぐな線で切ります。どこで切ってもできない形を、右側から選んで○をつけましょう。

4 巧緻性

赤、黄色、ピンクなどの丸いシールが用意されている。

・一番上のお手本と同じ順番に、左端からシールを貼っていきましょう。上の段から順に貼っていき、右端までいったら次の段はその続きになるように貼っていきます。下まで続けて貼りましょう。

◤ 絵画（条件画）

パステルクレヨンを使用する。
「空にわたあめみたいな雲が浮かんでいます。野原にはたくさんの花が咲いていて、子イヌがお母さんイヌの周りを走り回っています」
・（テスターのお話を聞いた後）お話に合う絵を描きましょう。

個別テスト
在校生に絵本を読んでもらって待つ。教室に呼ばれ、起立したまま個別テストを行う。

5 話の記憶・お話作り

ＣＤデッキから流れるお話を聞いて質問に答える。(話を聞いた後、4枚の絵カードを見せられる)

「今日は、ウサギさんとネズミさんが一緒にピクニックに行く日です。お料理が上手なウサギさんは、自分とネズミさんの2匹分のとてもおいしそうなお弁当を作りました。ウサギさんはリュックサックにハンカチとティッシュペーパーとお弁当とバナナを入れました。ネズミさんがやって来て、さあ出発です。お家を出るとすぐに、クマ君とキツネ君がやって来て言いました。『ウサギさん、ネズミさん、こんにちは。これからどこかへ出かけるの?』『うん、ピクニックに行くんだよ』とウサギさんが答えると、クマ君とキツネ君も一緒にピクニックに行きたいと言いました。でもどうしましょう、お弁当は2つしかありません。クマ君とキツネ君は残念そうに帰っていきました。するとネズミさんが言いました。『そうだ! いいことを思いついた!』」

テスターと1対1で質問に答える。
・ウサギさんは何が上手ですか。
・ウサギさんのリュックサックには何が入っていましたか。
・今のお話とその続きの順番になるように絵カードを並べて、この後どうなったと思うかお話ししましょう。

集団テスト

🔳 集団ゲーム

白い紙テープとセロハンテープがたくさん用意されている。
・2つのグループに分かれて輪つなぎ競争を行う。

運動テスト
待つ間は後ろを向いて体操座りをする。番号で呼ばれ、2人ずつ行う。

🔳 模倣体操

腕を上、横に伸ばす。指を1本ずつ屈伸し、グーパーを行う。

◤ クマ歩き

4つのコーンの間をジグザグにクマ歩きで往復する。

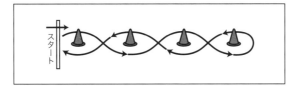

◤ 両足跳び

真ん中の白い輪の中に立ち、テスターの指示通りに、床に十字形に並んだ色付きの輪の中へ前後左右に跳ぶ。

◤ 縄跳び

1人ずつ床の上の四角の中で、「やめ」と言われるまで縄跳びを前回しで跳ぶ。

親 子 面 接

本 人

・お名前を教えてください。
・幼稚園(保育園)の名前を教えてください。
・この小学校の名前は何といいますか。
・誰とどのようにして幼稚園へ行っていますか。
・お母さんと普段どのようなお話をしますか。
・誰にどのようなことでしかられますか。しかられたら何と言いますか。
・夏休みにはどこに行きましたか。誰とどのようにして行きましたか。そこで何をしましたか。一番印象に残っていることは何ですか。(答えに応じて質問が発展する)

父 親

・志望理由をお話しください。
・本校までの通学経路と所要時間を教えてください。
・教育方針をお聞かせください。

・お子さんの将来にどのような期待をされていますか。

・将来、お子さんのターニングポイントにはどのような助言をし、また、そのときお子さんをどのように支えたいとお考えですか。

・お子さんの受験・就職時には、どのようなアドバイスをしたいと思いますか。

母　親

・幼稚園への通園経路と本校への通学経路を教えてください。

・しつけは家庭と学校のどちらで行うべきものか、ご意見をお聞かせください。

・子どもを大切に育てることと溺愛や過保護との違いについて、どうお考えですか。

面接資料／アンケート　面接日に、待合室でアンケート（下記項目2枚）を記入する。

・子どもの名前、幼稚園名、家族構成、連絡先、勤務先。

・志願理由、子どもに将来就かせたい職業、進学志望大学（選択式）、参加した学校行事、受験のための学習方法。

1

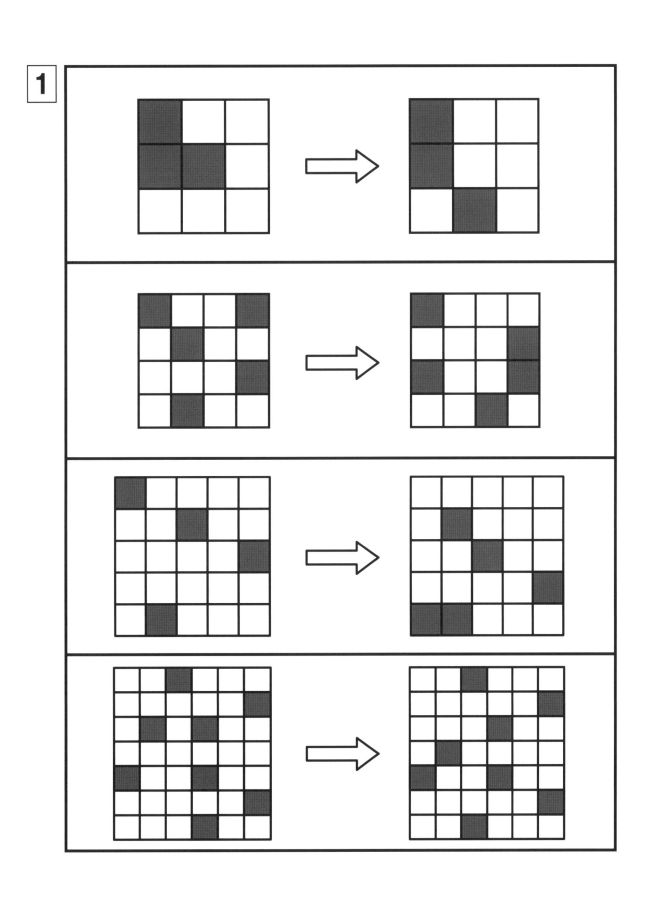

2023
2022
2021
2020
2019
2018
2017
2016
2015
2014

2

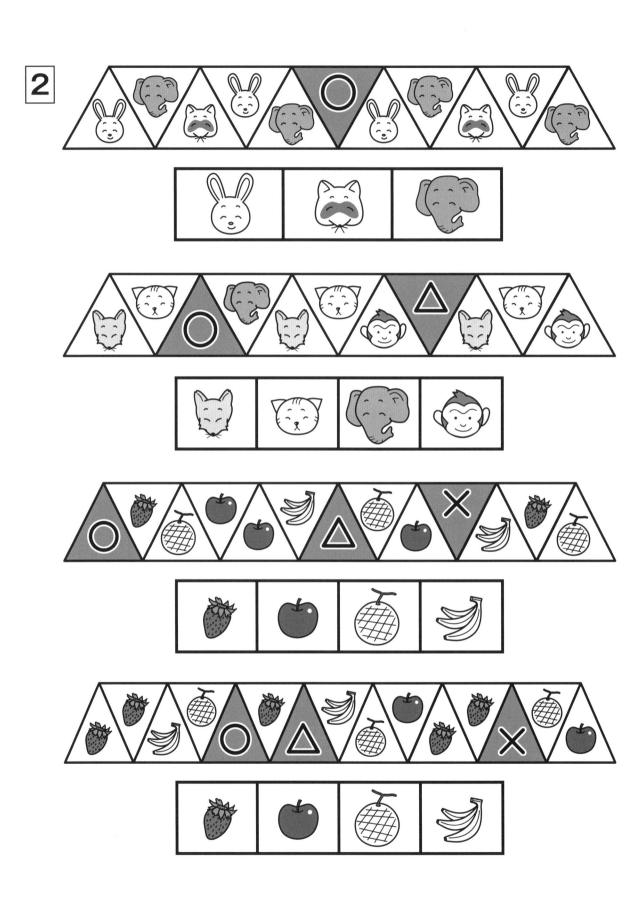

3

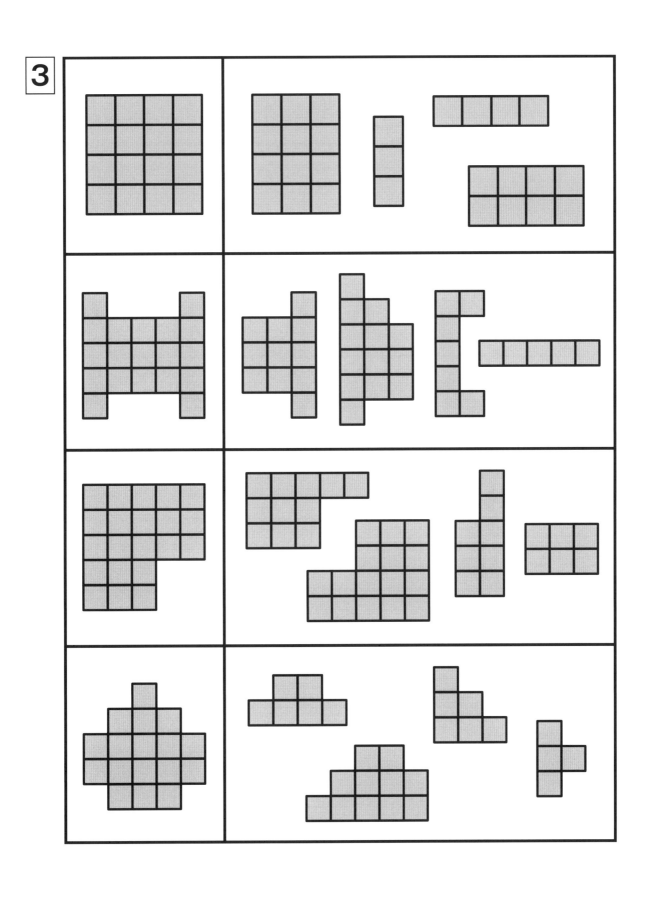

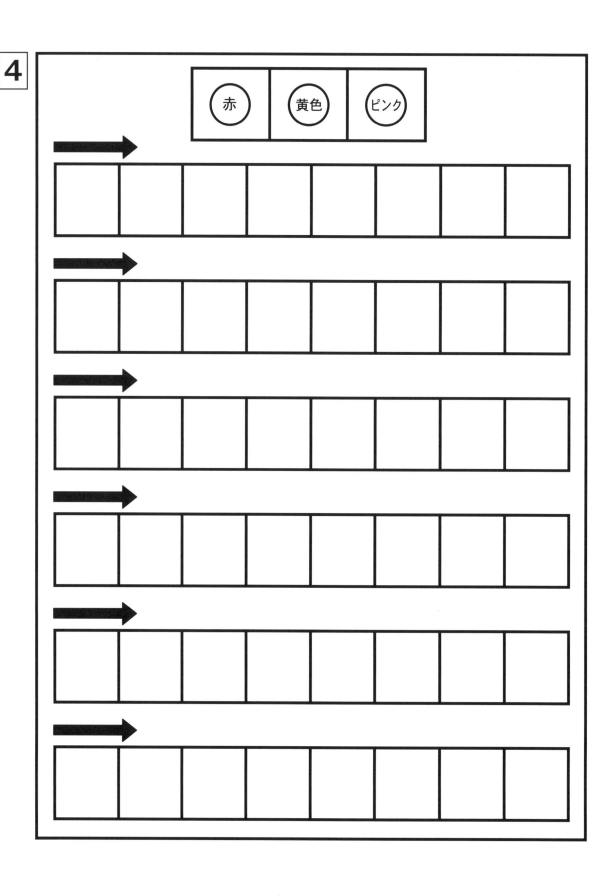

2016 精華小学校入試問題

■ **選抜方法**

受験番号は郵送受付順に決まる。考査は1日で、ペーパーテスト、個別テスト、集団テスト、運動テストを行う。所要時間は約2時間。考査日前の指定日時に親子面接がある。

▌ **ペーパーテスト** ▌ 筆記用具は鉛筆を使用し、訂正は消しゴムを使う。出題方法は口頭。

1 数 量

・果物から点までバツ印がついた線がかいてあります。絵の中の同じ果物同士を見つけて、点と点を線で結びましょう。また、それぞれの果物を結ぶと、線についているバツ印はいくつになりますか。バツ印が一番多いものに◎、一番少ないものに○を、すぐ下にある果物の絵の下にかきましょう。4つとも全部やってください。

2 観察力

・大きな四角の中にいろいろな形が並んでいます。すぐ下の絵と同じように形が並んでいるところを見つけて、線で囲みましょう。答えはそれぞれ1つしかありません。

3 話の理解

・パンダのところです。先生が言ったものの下の四角に○をかきましょう。「上の段です。リンゴ・イチゴ・ミカン」「下の段です。ブドウ・イチゴ・パイナップル」。
・ウサギのところです。先生が言わなかったものの下の四角に○をかきましょう。「上の段です。イチゴ・ミカン・パイナップル」「下の段です。リンゴ・ブドウ・ミカン」。
・ゾウのところです。最後から2番目に言ったものの下の四角に○をかきましょう。「上の段です。イチゴ・ミカン・パイナップル」「下の段です。ブドウ・パイナップル・イチゴ」。

4 推理・思考

・左のサイコロを矢印の方向に矢印の数だけ倒したとき、右のサイコロの白いところの目の数はいくつになりますか。右のサイコロの白いところに、その数だけ○をかきましょう。
1段目は後ろに1回倒します。2段目は横に2回回します。3段目は後ろに2回倒します。4段目は手前に2回倒します。

5 絵画（創造画）

パステルクレヨンを使用する。

・描いてある形に絵を描き足し、何かわかる絵にしましょう。

| 個別テスト | 在校生に絵本を読んでもらって待つ。教室に呼ばれ、起立したまま個別テストを行う。 |

6 話の記憶・常識（想像力）・お話作り

ＣＤデッキから流れるお話を聞いて質問に答える。（話を聞いた後、４枚の絵カードを見せられる）

「ある日、ドングリ山にモグラさんが引っ越してきました。モグラさんは土の中にすんでいて、外へ出てきません。動物たちは、モグラさんが引っ越してきたお祝いに音楽会を開くことにしましたが、モグラさんは太陽が嫌いです。動物たちは考えて、夜に音楽会を開くことにしました。モグラさんを呼んでにぎやかに合奏が始まります。ところが、タヌキさんが太鼓を強くたたき過ぎて太鼓に穴が開いてしまいました。それを見たキツネさんが『どうするんだ』と怒り、タヌキさんは困ってしまいましたが、ウサギさんに『太鼓の代わりにおなかをたたいたら』と言われてニッコリ。上手におなかをたたいて楽しい音楽会になりました」

テスターと１対１で質問に答える。

・どうして音楽会は夜に開かれたのでしょうか。

・タヌキさんの太鼓に穴が開いてしまったのはどうしてですか。

・太鼓に穴が開いてしまったとき、あなたがタヌキさんならどうしますか。タヌキさんの気持ちになって言ってください。

・あなたならどうやって怒ったキツネさんを喜ばせますか。

・音楽会の後、モグラさんはみんなに何と言ったと思いますか。

・音楽会の後、動物たちは何をしたと思いますか。

・絵カードをお話の順番の通りに並べましょう。

| 集団テスト | |

📖 集団ゲーム

・お友達づくりゲーム…テスターから１人５枚程度のトランプが配られる。２人１組になるようにお友達を探し、ジャンケンをする。勝ったらトランプを

1枚もらい、負けたらトランプを1枚渡す。次は同じお友達との組み合わせにならないように、ほかのお友達を探していき、「やめ」と言われるまで続ける。

運動テスト

待つ間は後ろを向いて体操座りをする。番号で呼ばれ、2人ずつ行う。

両足跳び

⊗印に着地するように両足跳びで進み、青い印のところでは1回手をたたく。

人間コンパス

床に貼られた四角の中に足を置き、腕立て伏せの姿勢で足を軸にして円を描くように回る。足は四角から出ないようにする。

平均台

平均台の上を歩く。台が離れているところは大股で渡る。

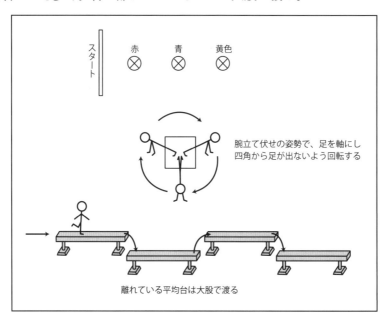

スタート　赤 ⊗　青 ⊗　黄色 ⊗

腕立て伏せの姿勢で、足を軸にし四角から足が出ないよう回転する

離れている平均台は大股で渡る

親 子 面 接

本 人

・お名前を教えてください。
・幼稚園（保育園）の名前を教えてください。

・この小学校の名前は何といいますか。

・一番仲よしのお友達は誰ですか。そのお友達のどのようなところが好きですか。

・お母さんの作るお料理で好きなものは何ですか。

・今まで行ったところ、行ったことのないところで、行きたいところはどこですか。それはなぜですか。そこへはどうやって行き、何をしたいですか。

・いつも何をして遊びますか。外遊びでは何が好きですか。お部屋の中では何をして遊ぶのが好きですか（答えに応じて質問が発展する）。

父 親

・志望理由をお話しください。

・本校は他校と比べて、どのようなところが異なると思いますか。

・本校が他校より優れていると思う点をお話しください。

・父親としてお子さんにどのようにかかわっていますか。

・将来、お子さんのターニングポイントにはどのような助言をし、また、そのときお子さんをどのように支えたいとお考えですか。

・お子さんの就職時には、どのようなアドバイスをしたいと思いますか。

母 親

・育児で気をつけていることを教えてください。

・お子さんが学校でお友達にけがをさせられたり、持ち物を壊されたりしたら、どのように対応しますか。

・海外の若者に比べて日本の若者は自尊心が低いという意見について、お考えをお話しください。

・お子さんの自己肯定感を低下させないために、ご家庭ではどのようなことが必要だと思いますか。

面接資料／アンケート　面接日に、待合室でアンケート（下記項目2枚）を記入する。

・子どもの名前、家族構成、緊急連絡先。

・志願理由、子どもに将来就かせたい職業、進学志望大学、参加した学校行事。

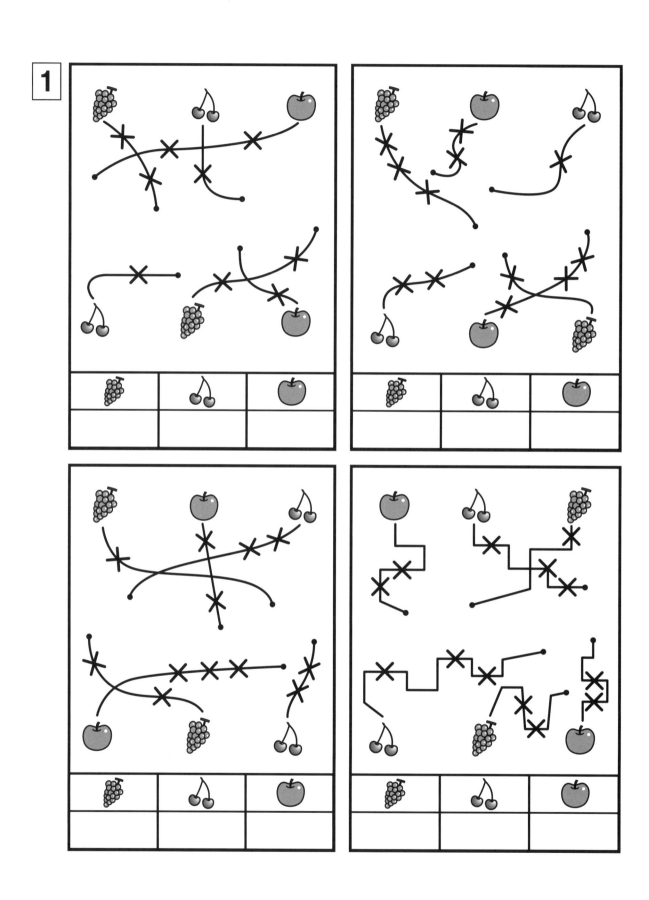

2

3

	🍎	🍇	🍓	🍊	🍍
(panda)	🍎	🍇	🍓	🍊	🍍
	🍎	🍇	🍓	🍊	🍍
(rabbit)	🍎	🍇	🍓	🍊	🍍
	🍎	🍇	🍓	🍊	🍍
(elephant)	🍎	🍇	🍓	🍊	🍍

4

5

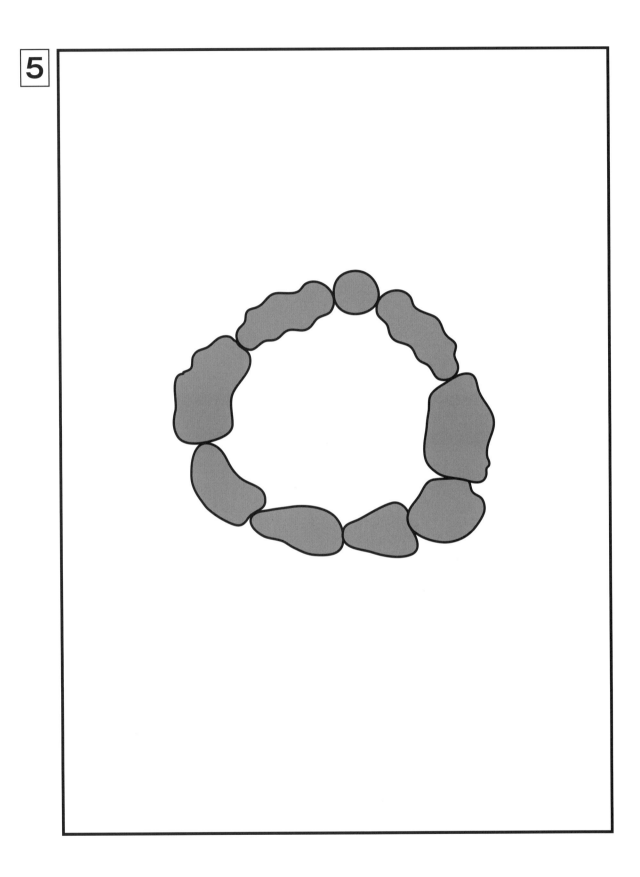

6

2015 精華小学校入試問題

■ 選抜方法

受験番号は郵送受付順に決まる。考査は1日で、ペーパーテスト、個別テスト、集団テスト、運動テストを行う。所要時間は約2時間。考査日前の指定日時に親子面接がある。

▌ ペーパーテスト ▌ 筆記用具は鉛筆を使用し、訂正は消しゴムを使う。出題方法は口頭。

1 数量（進み方）

・男の子が四角の中のリンゴとバナナの数を比べて、違う数だけマス目を進みます。進んだ数だけマス目に○をかいていきましょう。同じ数のときには進めません。ほかの果物は数えません。下まで全部やりましょう。

2 推理・思考（重さ比べ）

・左のシーソーの様子を見て、一番重いものに◎、一番軽いものに×を右の四角の中の形につけましょう。下まで全部やりましょう。

3 観察力（異図形発見）

・それぞれの段に、1つだけ形が違うものがあります。違う形に○をつけましょう。形は回っているものもありますが、裏返しにはしていません。下まで全部やりましょう。

4 巧緻性（注意力）

机の上にスタンプが用意されている。

・マス目の上の印と同じ印のスタンプを、マス目の中に押していきましょう。

◼ 絵画（条件画）

パステルクレヨン16色を使用する。

「天気のよい日、ウサギさんが大きな木のある野原へ遠足に出かけました」

・（テスターのお話を聞いた後）お話に合う絵を描きましょう。

▌ 個別テスト ▌ 在校生に絵本を読んでもらって待つ。教室に呼ばれ、起立したまま個別テストを行う。

💬 話の記憶

CDデッキから流れるお話を聞いて質問に答える。

「動物たちが通う小学校がありました。小学校の近くには森があって、森の中には公園があります。公園には、すべり台、砂場、ブランコ、鉄棒があります。ブランコは木からぶら下がっているブランコです。小学校が終わると動物たちは公園で楽しく遊びます」

・小学校の近くには何がありますか。お話ししましょう。
・公園には何がありますか。お話ししましょう。

5 常識（想像力）・お話作り

・（クマ君がブランコを一人占めしている左上の絵カードを見せて）あなただったら、クマ君に何と言いますか。お話ししてください。
・（4枚の絵カードを見せて）絵カードを好きな順番に並べ替えて、お話を作りましょう。

集団テスト

💬 行動観察

5人1組でAとBの2チームに分かれ、パターンブロックを高く積む競争をする。

運動テスト

教室で行う。待つ間は後ろを向いて体操座りをする。番号で呼ばれ、2人ずつ行う。

💬 片足バランス

両手を広げて利き足でバランスをとる。

💬 足踏み

左右に2回ずつ足踏みをする。

💬 ケンケン

線上をケンケンする。

親 子 面 接

本 人

・お名前を教えてください。
・幼稚園（保育園）の名前を教えてください。
・この小学校の名前は何といいますか。
・幼稚園（保育園）でのお友達の名前を教えてください。
・一番仲よしのお友達は誰ですか。
・けんかはしますか。見たことはありますか。どうやって仲直りしますか。
・幼稚園（保育園）で何をして遊びますか。誰と遊びますか。
・何の本が好きですか。どうして好きなのですか。登場するものは何ですか。その本の好きなところはどこですか。
・今まで行ったところで一番楽しかったところはどこですか。誰と行きましたか。何をしましたか。
・好きな食べ物と嫌いな食べ物について教えてください。
・何になりたいですか。どうしてですか。

父 親

・志望理由をお話しください。
・父親としてお子さんにどう接していますか。
・お子さんのターニングポイントには父親として、どうアドバイスしますか。
・父親の役割についてどうお考えですか。
・たくさん学校がある中でなぜ本校を選んだのかお聞かせください。
・他校と比べて本校のよいと思われるところをお話しください。
・お子さんが進学先や就職先を決めるとき、アドバイスはどのようにしますか。
・お子さんの夢をどのようにサポートするかお聞かせください。

母 親

・過干渉についてどう思いますか。
・お子さんが学校から帰ってきてけがをしていたり、ものを壊したりしたと思われるときなど、お子さんのトラブルにどう対応するかお聞かせください。
・自学自習を習慣づけるためには、どうしたらよいと思いますか。

面接資料／アンケート　面接日に、待合室でアンケート（下記項目2枚）を記入する。

・子どもの名前、生年月日、住所、電話番号、家族構成、幼稚園（保育園）名、緊急連絡先。
・志願理由、子どもに将来就かせたい職業、進学志望大学、参加した学校行事。

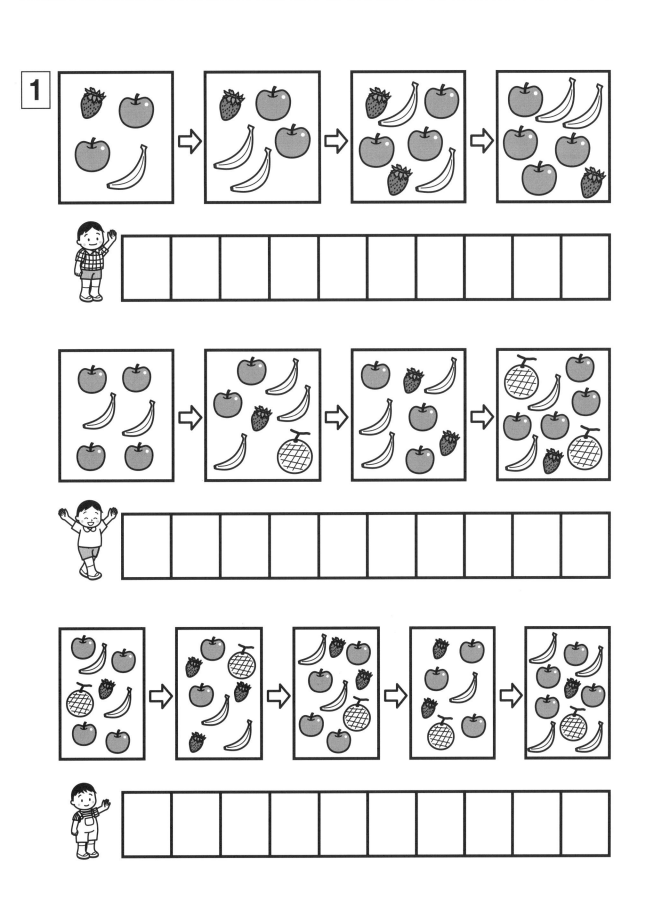

2

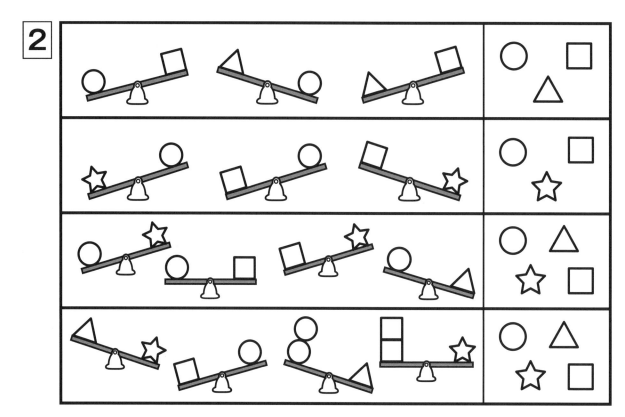

3

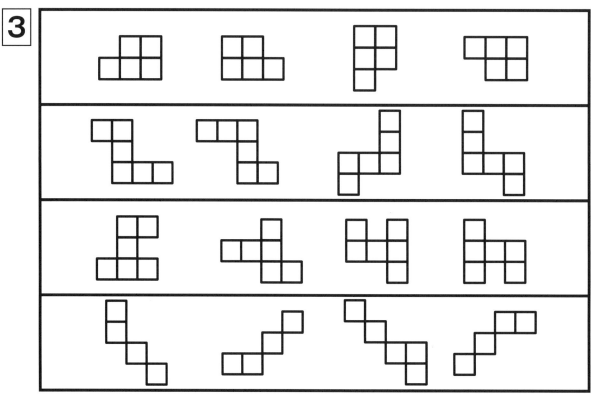

4

☆ ☂ ♡ ☆ ♡ ☂ ☆ ☂

☆ ☂ ♡ ☆ ♡ ☂ ☆

♡ ☆ ☂ ☆ ♡ ♡ ☆ ☂

5

2014 精華小学校入試問題

選抜方法

受験番号は郵送受付順に決まる。考査は1日で、ペーパーテスト、個別テスト、集団テスト、運動テストを行う。所要時間は約2時間。考査日前の指定日時に親子面接がある。

ペーパーテスト

筆記用具は鉛筆を使用し、訂正は消しゴムを使う。出題方法はテープと口頭。

1 巧緻性

・マス目の中にある点線の形をなぞりましょう。

2 系列完成

・上のお手本のように左から黒四角→しましま四角→あみあみ四角→白丸の順番に形を並べます。下のマス目にはそれぞれ3つの形が、決まりよく並んでいます。形をお手本と同じ順番に並べると、白丸はどのマス目になりますか。その場所に○をかきましょう。

3 観察力（同図形発見）

・それぞれの段に同じ絵が2枚ずつあります。同じ絵を見つけて○をつけましょう。

4 推理・思考（対称図形）

・左端のように折り紙を折って重ねたまま黒いところを切り抜いて開くと、どのようになりますか。矢印の右側から正しいものを選んで○をつけましょう。

5 絵画（創造画）

クレヨンを使用する。
・描いてある形を使って絵を描き足し、何かわかる絵にしましょう。2つとも違う絵になるようにしましょう。

個別テスト

在校生に絵本を読んでもらって待つ。教室に呼ばれ、個別テストを行う。

6 お話作り

「おしゃれなおたまじゃくし」（さくらともこ作　塩田守男絵　PHP研究所刊）の絵本か

ら6つの場面が絵カードになっている。

・絵カードを好きな順番に並べ替えて、お話を作りましょう。

絵の記憶

ウサギの洋服屋さんにクマ、イノシシ、ネズミ、トカゲが洋服を作ってもらい、着ている様子の絵を見せた後、隠す。

・赤い色のリボンをつけていたのはどの生き物ですか。

・クマの洋服は何色でしたか。

・イノシシの洋服は何色でしたか。

集団テスト

行動観察

5人1組のチームで行う。パターンブロックを好きなだけ持ってきて、できるだけ高く積む競争をする。

運動テスト

待つ間は後ろを向いて体操座りをする。番号で呼ばれ、2人ずつ行う。

指の屈伸

指を指示された通りに折ったり伸ばしたりする。

ゴム段跳び・くぐり

ゴム段を跳んでくぐる。

機敏性

赤いボールが5つ入っている箱と空き箱、白いボールが5つ入っている箱と空き箱が2ヵ所に設置されている。赤いボールと白いボールを、指示された順番に隣の空き箱に移す。ボールを1回移したら、必ずスタート地点に戻る。

リズム

左右に分かれた赤と黄色の印の間を手拍子に合わせて20回程度跳ぶ。

親 子 面 接

本　人

- お名前を教えてください。
- 幼稚園（保育園）の名前を教えてください。
- この小学校の名前は何といいますか。
- 幼稚園（保育園）でのお友達の名前を教えてください。
- けんかはしますか。見たことはありますか。そのとき、先生やお母さんに言いますか。
- 幼稚園（保育園）やお家では何をして遊びますか。誰と遊びますか。
- お父さんとお母さんのどちらが怖いですか。どちらが怒りますか。その理由は何ですか。
- お手伝いはしますか。
- 何の本が好きですか。その本は、どんなところがよかったですか。登場するものは何ですか。

父　親

- 志望理由をお話しください。
- 本校の行事には参加されましたか。そのときの生徒の様子を含めて、どのように感じられましたか。
- お子さんの教育についてどう考えていますか。
- お子さんにこれだけは守ってほしいということをお聞かせください。
- ご両親で教育方針の違いなどがあると思いますが、その場合はどうされますか。
- お子さんと過ごす時間は何をしていますか。どのように時間をつくっていますか。
- お子さんとのスキンシップはどのようにとっていますか。
- （アンケートより）将来の希望進学先は、お子さんと同じ気持ちですか。
- （アンケートより）医師と書いていますが、そうなってほしいですか。
- （アンケートより）海外留学に○がありましたが、どのような考えからですか。

母　親

- 志望理由をお話しください。
- 本校の行事には参加されましたか。そのときの生徒の様子を含めて、どのように感じられましたか。
- 過保護についてどう考えていますか。
- 一人っ子の子育てとして気をつけていることは何ですか。
- ご両親の間で意見が違うときはどうされますか。
- お子さん同士のいさかいに親が介入することをどう思いますか。

面接資料／アンケート

面接日に、待合室でアンケート（下記項目2枚）を記入する。

・子どもの名前、生年月日、住所、電話番号、家族構成、幼稚園（保育園）名、緊急連絡先。
・志願理由、見学した学校行事、進学志望大学、子どもに将来就かせたい職業。

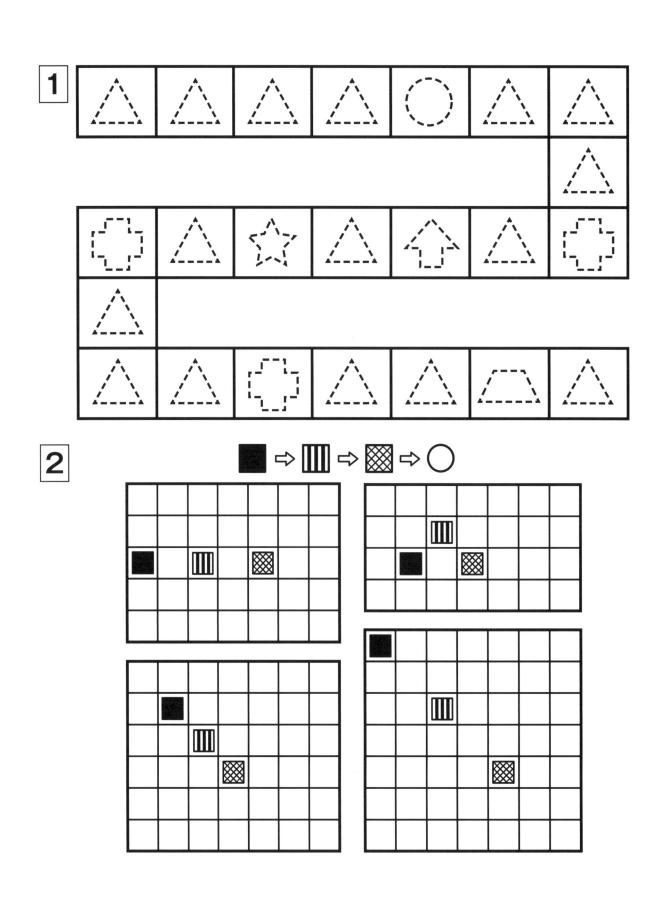

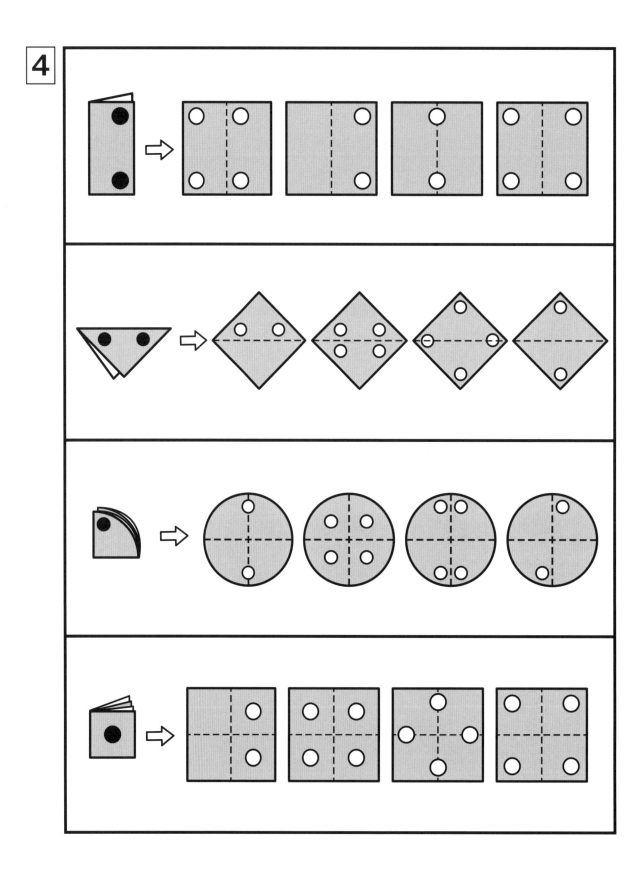

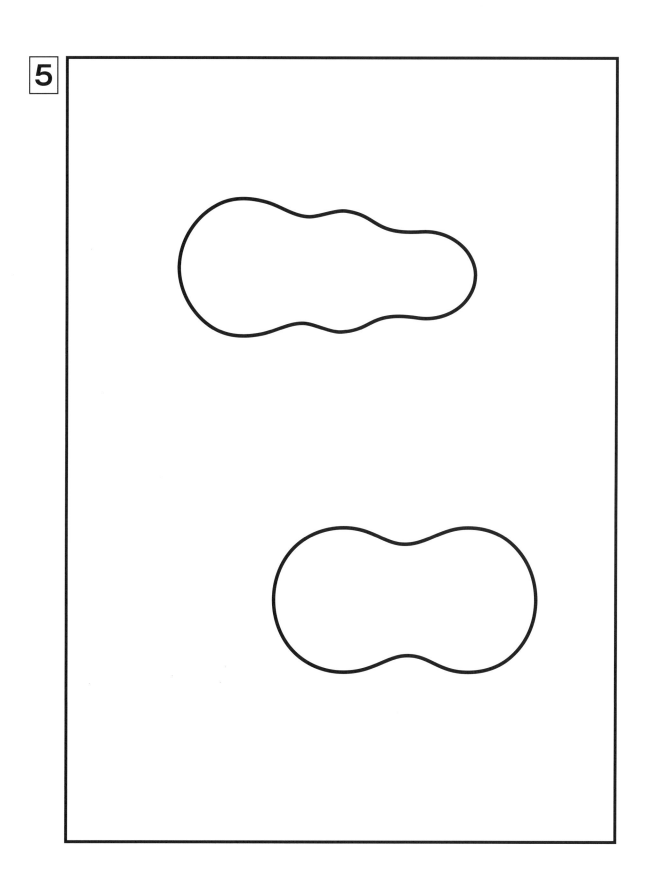

5

6

精華小学校
入試シミュレーション

精華小学校入試シミュレーション

1 **絵画（創造画）**

・それぞれの形を使って、何かわかる絵を描きましょう。

2 **絵画（創造画）**

・イヌはどうしているのでしょう。足りないところを描き足して楽しい絵にしましょう。

3 **巧緻性（注意力）**

（直径8mmくらいの丸いシールを用意する）
・下のマス目で、上の黒丸と同じところにシールを貼っていきましょう。

4 **数　量**

・上です。絵の中に、すぐ下の4つの形がそれぞれいくつあるか調べて、その数だけ右の
　マス目に○をかきましょう。
・下です。ハートの箱を通るとウサギは通る前の数と同じだけ増え、ひし形の箱を通ると
　ウサギは通る前の数の半分になります。それぞれの箱を通ったときのウサギの数だけ、
　右に○をかきましょう。

5 **数量（分割）**

・上のリンゴを、すぐ下の子どもたちがそれぞれの人数で、ちょうど同じ数ずつ分けまし
　た。そのときの1人分の数だけ右に○をかきましょう。
・左のイチゴを右に描いてある子どもたちで、ちょうど同じ数ずつ分けました。そのとき
　の1人分の数だけ○をかきましょう。

6 **推理・思考（対称図形）**

・左の絵のように折り紙を折って、黒い部分を切り取って広げるとどのようになりますか。
　右から選んで○をつけましょう。

7 **推理・思考**

・左上のお手本のように、リンゴからリンゴまで全部の点を通って線を引きましょう。そ
　のとき全部違う線の引き方になるようにします。ただし、線がぶつかってはいけません。

8 **推理・思考・構成**

・左のお手本と同じ形になるように右の2つの形を合わせたとき、右の絵で黒丸になると

ころを塗りましょう。

9 推理・思考・数量

・それぞれ上のサイコロの目の数だけリンゴやブドウが取れるように、矢印から矢印まで部屋を通って線を引いて進みましょう。ただし、同じ部屋を2回通ってはいけません。

10 観察力

・上のお手本と同じ並び方をしているところを下から探して、線で囲みましょう。

11 構成

（上の二重四角の中のような白黒の正方形のカードを4枚用意する）
・4枚のカードで、5つのお手本と同じ模様を作りましょう。

1

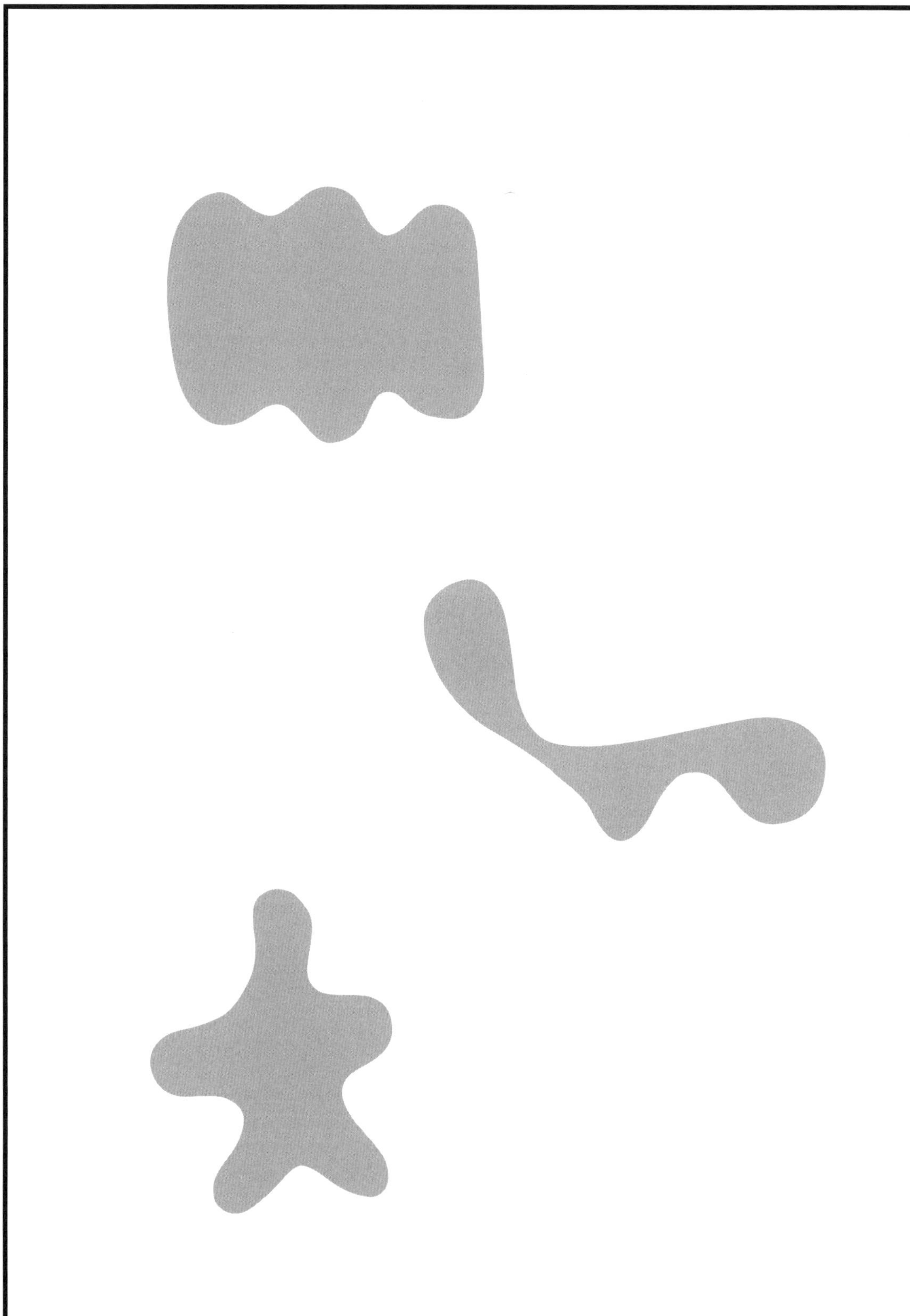

2

3

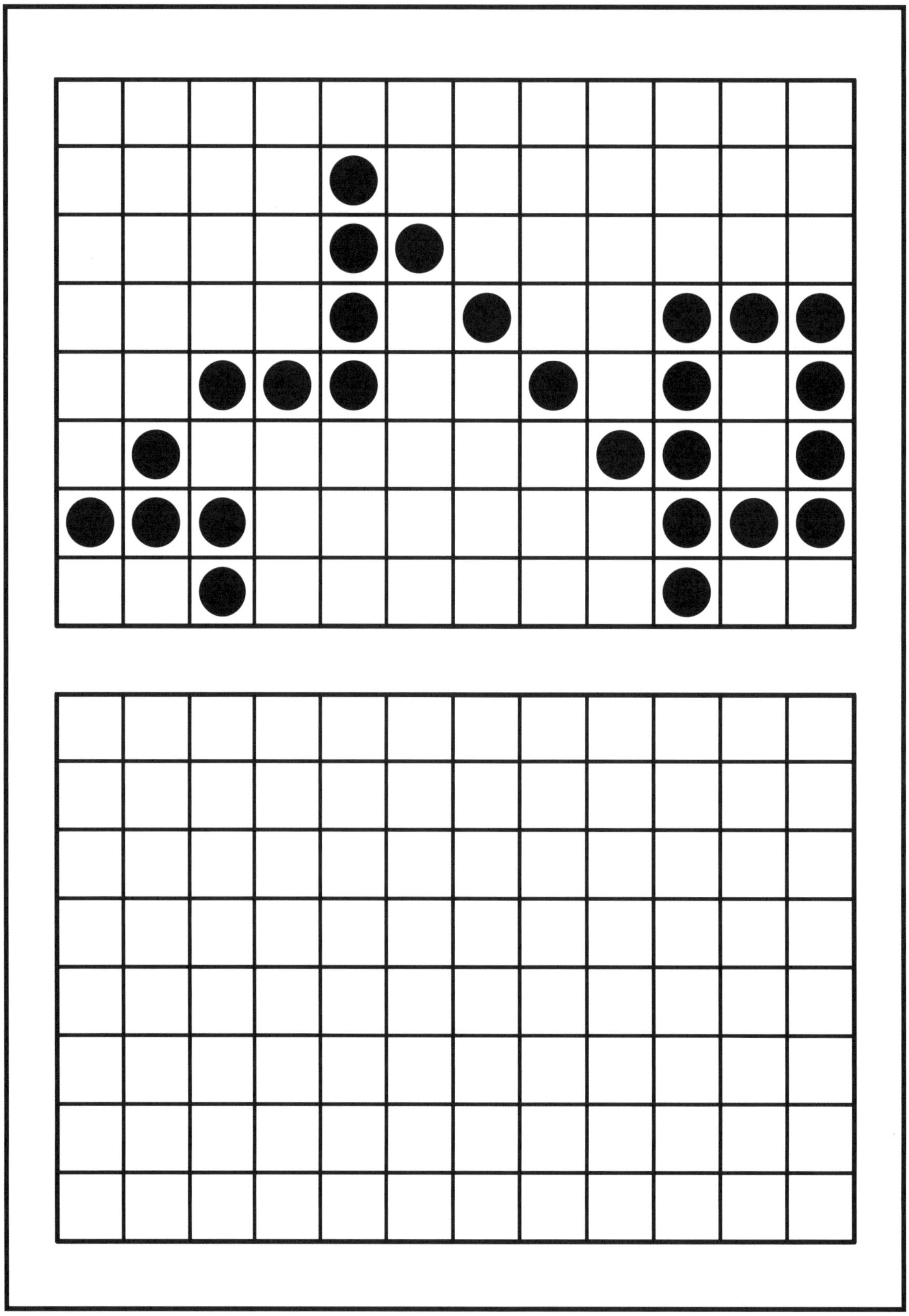

5

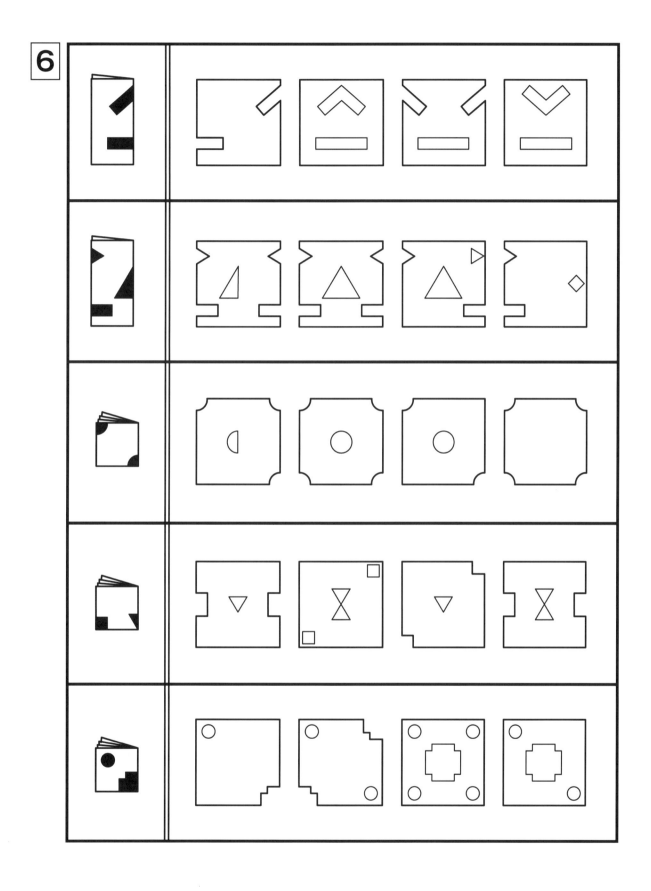

7

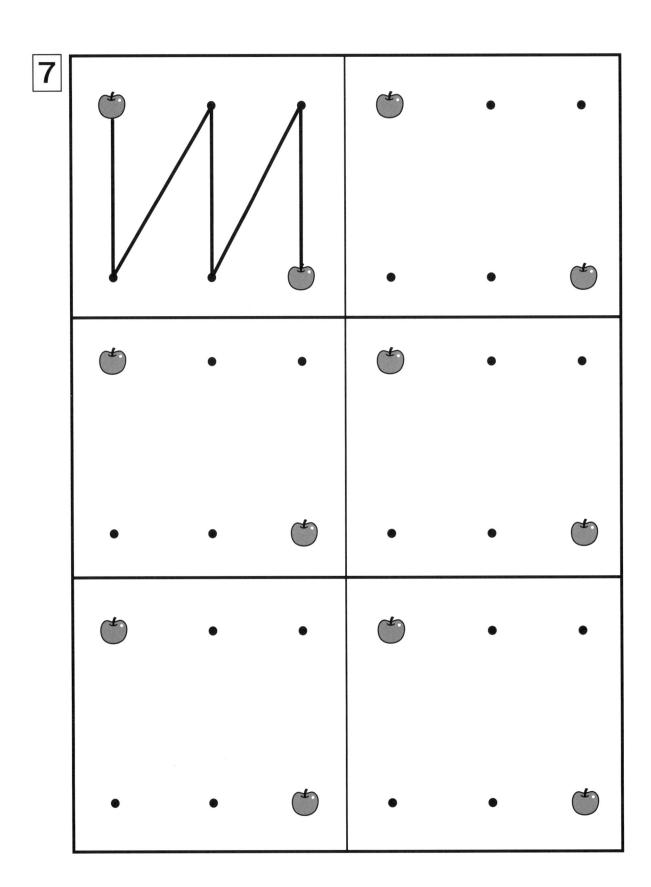

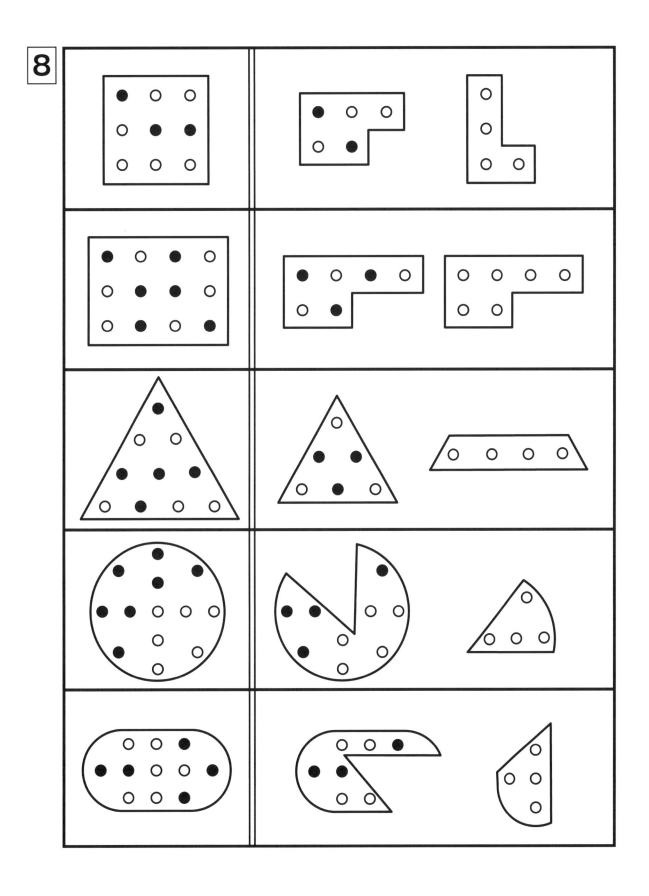

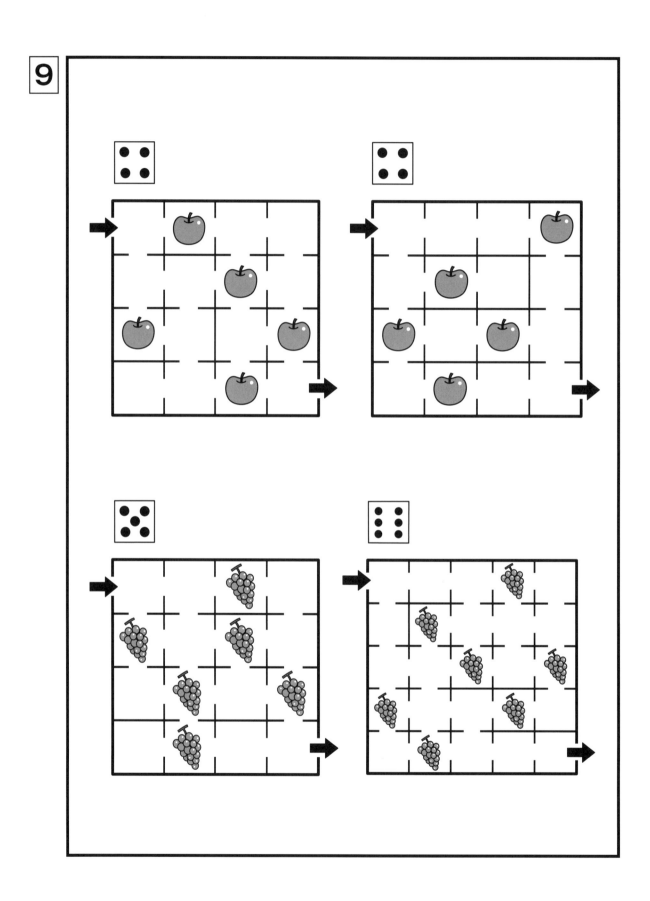

10

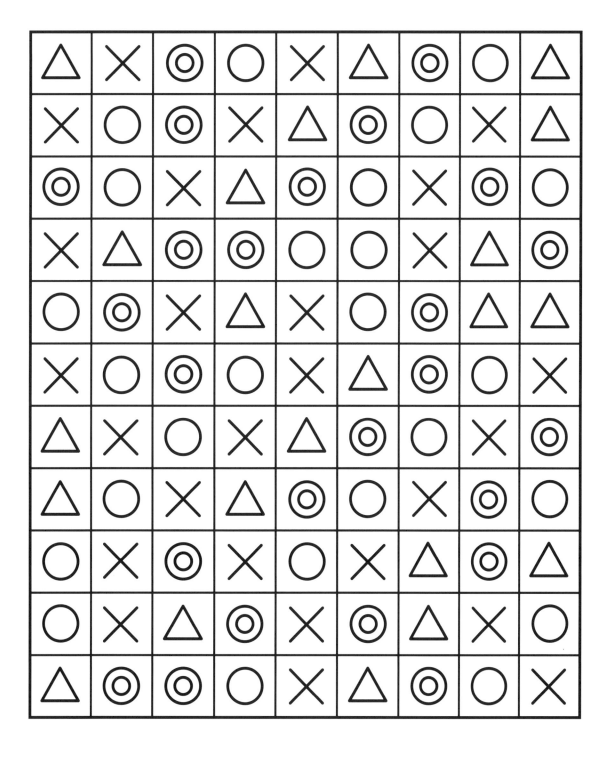

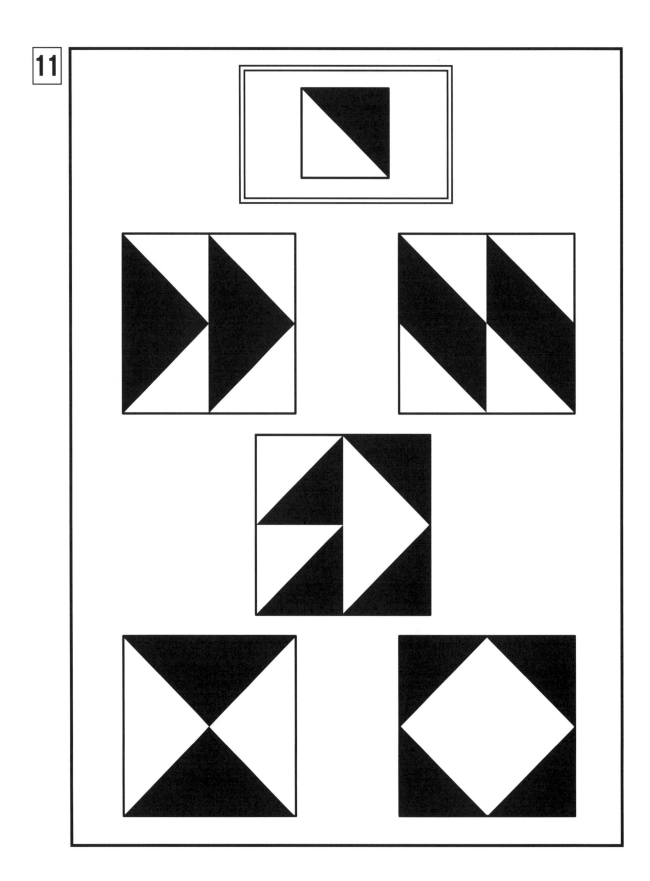

［過去問］ 2024

精華小学校 入試問題集

解答例

入試シミュレーションの
解答例もあります！

© 2006 studio*zucca

Shinga-kai

1

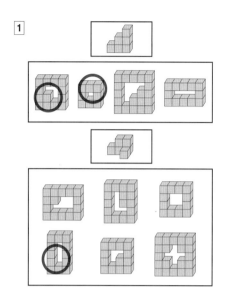

2

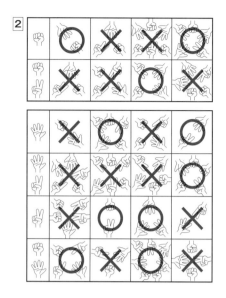

3

4

5

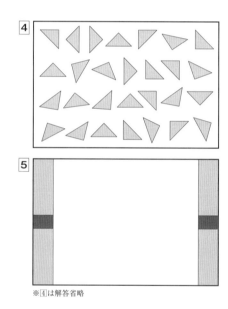

※4は解答省略

6

※6は解答省略

1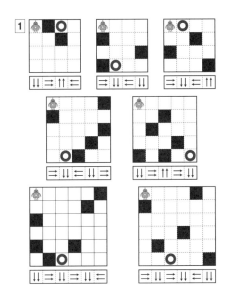

2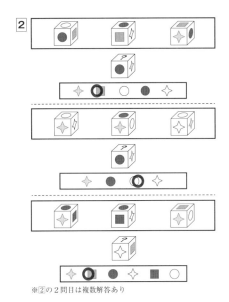

※2の2問目は複数解答あり

3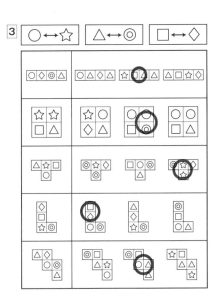

4

5

※5は解答省略

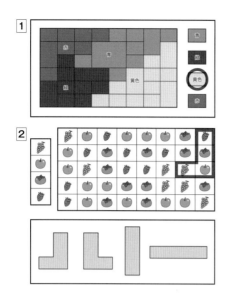

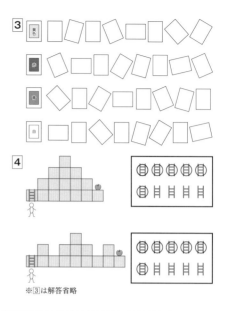

※③は解答省略

※⑥は解答省略

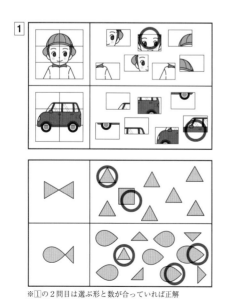

※①の2問目は選ぶ形と数が合っていれば正解

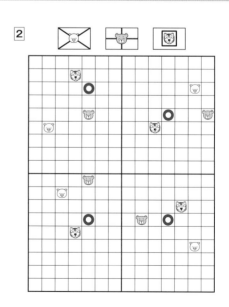

3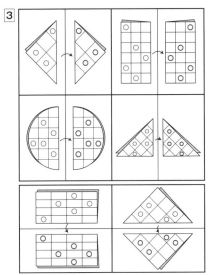

4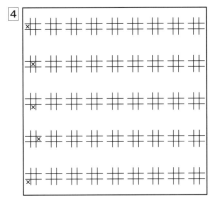

5

※4、5は解答省略

1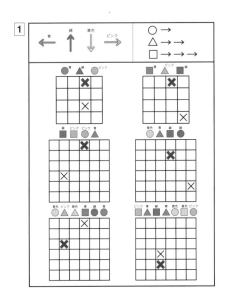

2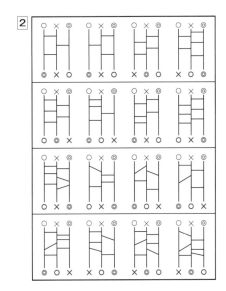

3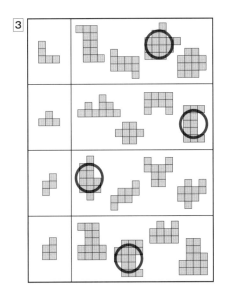

4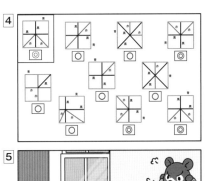

5

※5は解答省略

1

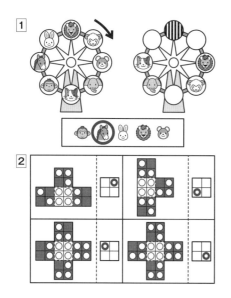

2

3

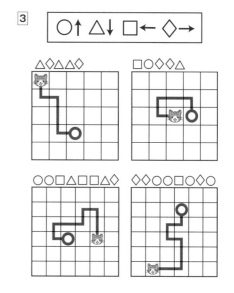

4

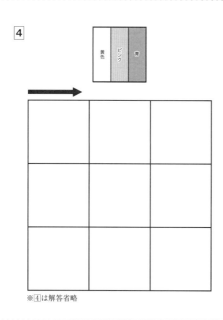

※4は解答省略

5

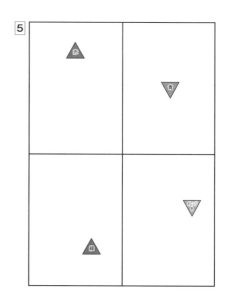

6

※6は解答省略

1
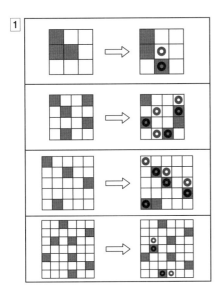

2
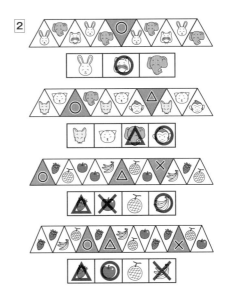

3
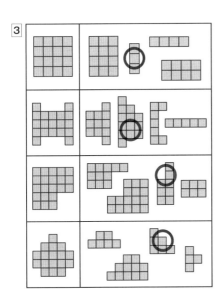

4
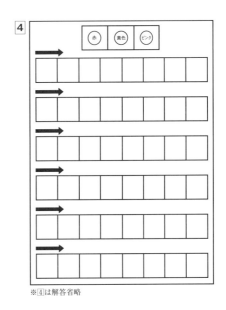

※ 4 は解答省略

5

※ 5 は解答省略

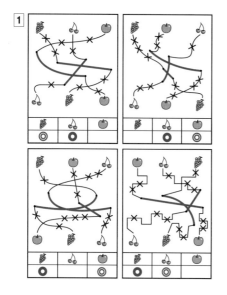

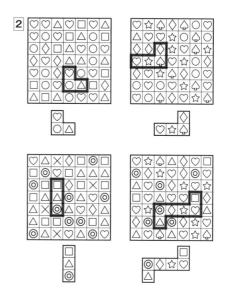

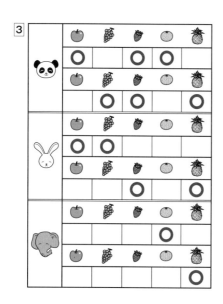

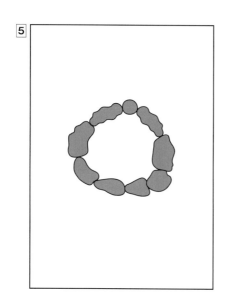

※6は解答省略

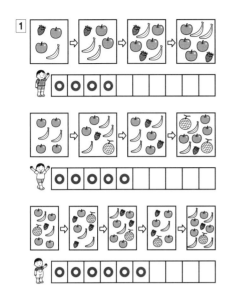

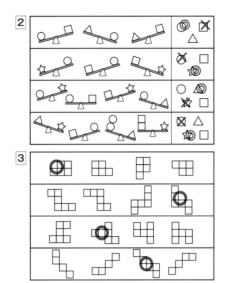

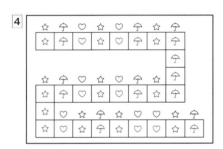

※ 5 は解答省略

1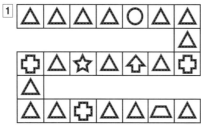

2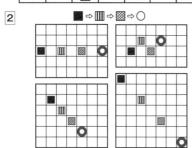

3

4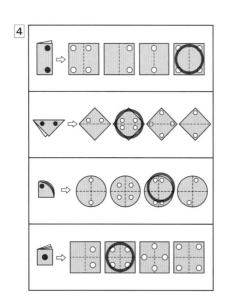

5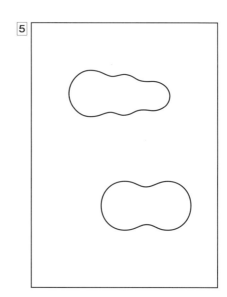

6

※6は解答省略

1
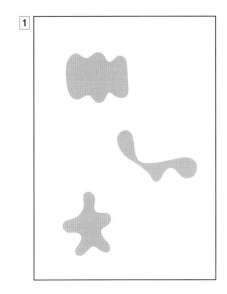

2

3
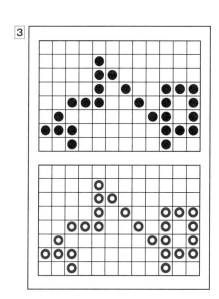

4
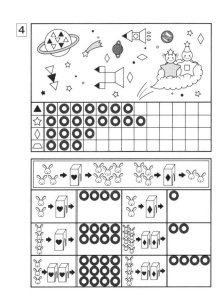

5
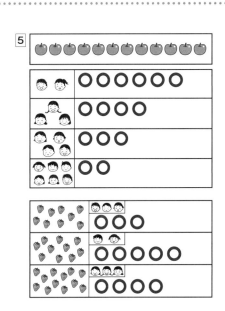

6
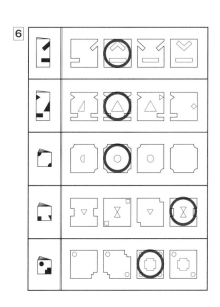

7

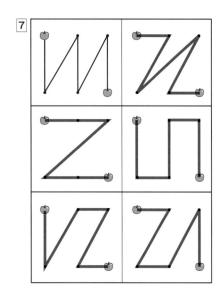

8

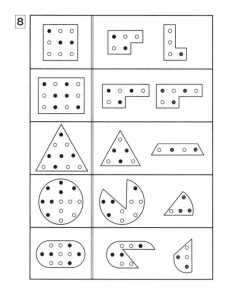

9

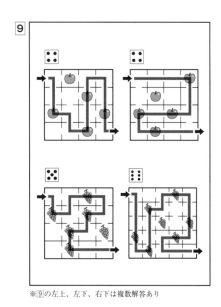

※⑨の左上、左下、右下は複数解答あり

10

11

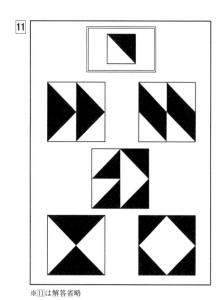

※⑪は解答省略

memo

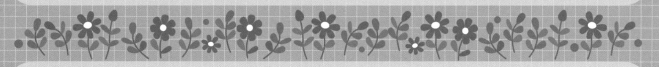

memo

memo

memo

memo

Shinga-kai